お葬式

死と慰霊の日本史

新谷尚紀

吉川弘文館

お葬式　死と慰霊の日本史——目次

I　死と葬儀の歴史と民俗—高野山の安居会講演より—　1

1　民俗学の考え方　2

民俗学とは　おさい銭はなぜ投げるのか

お金には二つの意味　贈与の二つの意味

貨幣は死をもたらす　贈与こそが社会関係の基礎

浄財と喜捨　同様なものを集めてみる

小さな疑問も大きな知の鉱脈

2　死の歴史　14

方言周圏論　盆とホカイ　死は概念である

ニホンザルと死　概念は共有される　旧人と新人

大量虐殺による種の保存　死の発見は宗教の誕生

ホモ・サピエンスの特徴は学習　王・宗教・貨幣

多様な葬法　科学の誕生

3　葬送三転考　37

「畏怖と祭祀」　殯の風習と遊部　火葬の歴史

「忌避と抽出」へ　継続した陵墓祭祀
「供養と記念」へ　近世の葬送習俗

4 伝統社会の死と葬送　54

伝統的な葬法　白装束に三角布の意味
喪服の変化—白から黒へ—　死者と米　三種類の米
死者が呼ぶ　経験知から迷信へ　枕飯と引っ張り餅
葬儀と魔除け

5 現代社会の死と葬送　76

有名人の葬儀　記念の個別差
実際の死者と墓石を建てられた死者　墓石は異常死者のため
儀礼の商品化　都市上流階級の儀礼文化
結婚式にも次々と変化が　民俗の三つの伝承波とその循環
看取りと死に顔　この世に執着を残さず　葬儀の大変化
三つの立場　三つの処理　切断と接続
霊魂観と死穢観の変化

6 墓と供養の時代差と地域差 105
時間をかけて段階的に変換していた生と死
埋葬墓地のさまざまな装置　盆棚と死者供養
墓地と死穢の地域差　宮座祭祀と両墓制　墓石の変遷
家・墓・寺の三位一体のシステムの崩壊と葬儀社への依存

7 宗教と科学 127
前近代の知　曖昧領域にも意味がある
一元論の二分法へ　死が学問の対象となったのは二〇世紀から
いま医療の現場で　病院内に葬儀場—韓国の最新事情—

8 民俗学の霊魂論 138
霊魂の語り　幽霊話とその機能　霊魂論から人間存在論へ
神社と日本文化　厳島神社の再建は北条泰時
伊勢神宮と世界遺産　調和の文化　死をめぐる教育
記憶の時代へ　「千の風」ブーム—葬送三転の歴史から新たな四転へ向かう兆し—
死への準備

Ⅱ 慰霊と軍神―言語と文化の翻訳― 169

1 慰霊と追悼―Memorialを慰霊と翻訳してはならない― 170

柳田國男の用語には、慰霊も追悼もない

祭祀と供養の区別

先祖と祭祀

死者と霊魂　「ほかい」と「まつり」

国民国家と戦争、そして戦死者

言語と文化の翻訳

平田篤胤の御霊信仰　死者儀礼のダブル・スタンダード

招魂弔祭と忠魂英霊

慰霊と追悼のちがい

Memorialとは抱きしめるように共感し決して忘れないこと

Fallen Soldiersは英霊ではない

英霊とは靖国神社に祀られた戦没者の霊

2 軍神の誕生 194

英霊と軍神

日露戦争と軍神
人間を神に祀る習俗
軍神広瀬中佐
戦死から軍神へ　銅像建設の意見　二銭銅貨大の肉片　文章の潤色と情報の肥大化
戦死の状況
海軍参謀小笠原長生
戦史編纂　無理な作戦の失敗と軍神の創造　新聞報道と小笠原参謀　軍神の誕生
戦後の冷淡と銅像建設　尋常小学校読本と小学唱歌による宣伝　お気の毒な銅像
平時の冷淡・戦時の高揚
満州事変と広瀬神社　神社という膨張装置
3 真珠湾の九軍神　*228*
一二月八日の真珠湾攻撃　大詔奉戴日と九軍神の報道
帰還か決死か、志願か命令か　特殊潜航艇の呼称　軍神の母
上田定兵曹長　両親宛の書簡　母親の心情　慰霊碑と遺品館
註・参考文献
あとがき

I

死と葬儀の歴史と民俗

高野山の安居会《あんごえ》講演より

1 民俗学の考え方

昔からおろかなことの代表に、お釈迦さまに説法、和尚さまにお経、といいます。そんなおろかなことを、本日はここ高野山で、全国各地のご住職さま方を前に、させていただくことになりました。恥ずかしいかぎりです。

民俗学とは

私がもし少しでもここでお話できるとすれば、私の専門が日本民俗学ですので、その民俗学の立場からの小さなお話なら少しはさせていただけるのではないかということです。民俗学は、柳田國男《やなぎたくにお》という先生が創始された学問です。明治八年(一八七五)亥年生まれです。日本の江戸時代の学問、それから明治以来入ってきた西洋の新しい学問、それらの混淆《こんこう》の中で何とか日本の学問を、というようなお考えで創られた学問です。ですから、まだ歴史が新しく、一般の皆さまにはよくわかったようなよくわからないような学問であります。

そこで簡単に申しますと、一般の人たちが行なっている「しきたり」とか「ならわし」とか「言い伝え」とか、そういうものにも何か意味があるにちがいない、それをよく考えてみよう、というような学問だとご理解いただければいいと思います。日本各地の風俗であるとか習慣であるとか、だれが言うともなく一般の人たちが行なってきているものです。いむかしながらの仕事の上での技術とか、人と人とのつきあいのしかたなどもそうです。いわば、生活の中に伝えられている知恵です。

柳田國男肖像（写真撮影　濱谷浩）

そして、その変化や変遷のあとをたどってみると貴重なことがわかってくる、柳田國男はそのような身のまわりの小さな疑問からでもしっかりとした歴史の学問は始まると言っております。貴族や武士たちだけでなく、文字や記録をもたなかった大多数の一般の人たちの生活の歴史がわかってくるはずだと言っています。

おさい銭はなぜ投げるのか

　私はかつて、なぜ神社やお寺でおさい銭を投げるのか、という疑問に関する本を書いたことがあります(1)。ふつう、人にお金を渡すときに投げて渡すというのはたいへん失礼だし、無礼です。怒られます。してはいけないことです。ところが、なぜか神社とかお寺に行くと、みんな財布やポケットから十円玉とか百円玉とかコインを出して、賽銭箱《さいせんばこ》に向かってポンと投げている。神様とか仏様に対してたいへん失礼なことをしているのです。人間の側に立ってみますと、みんな大人がやれば子供もそれをまねてやります、自分が大人になるとまたやって、年寄りになってもまだおさい銭は投げています。それで問題はなさそうです。

　しかし、いったん神社の中の神様やお寺の仏様のほうに座ってみたと仮定してください。すると、参拝者たちはていねいに礼拝して祈願しているのに、その態度はというと、ポケットから小銭を取り出してこちらに向かって投げているのです。これはたいへん失礼なことではありませんか。それなのに、なぜ神様や仏様は怒られないのか。人間はなぜそんな

無礼なことを古くからしつづけてきているのか、そんなことを考えてみたことはありませんか。

これを民俗学の立場から考えてみますと、こんな変なことをする例、同じような例を他にも集めてみます。お金を投げるというのは、他にどんなときに投げるだろうか、と。手から手へと渡すのではなくて、さあ持っていけ、という感じで、昔で言いますと旅の乞食で名前も知らないようなみすぼらしい人に対して、投げてわたすというかたちがありました。つまり、相手とコミュニケーションをとりたくないときの渡し方です。

またそのほかにも、ローマのトレビの泉のような例もあります。きれいな清水にコインを投げ込めば、またローマにやってくる幸運に恵まれるといわれています。鎌倉にも銭洗《ぜにあら》い弁天《べんてん》というおもしろい弁天さまがあります。そこにお参りして清水でお金を洗うとお金持ちになれるといいます。あるいはまた、日本各地の駅前の噴水などにもよくコインが投げ込まれています。

お金には二つの意味

それらについて考えてみますと、どうもお金というものの意味には二つがあるということがわかってきます。一つは物を買う道具、経済的な尺度です。もう一つは、お金のもっている経済的な意味ではなくて、経済外的な意味、経済以外のお金の意味です。お金とは何か、それは人びとのケガレや災厄を、磁石のように引き付けるものなのです。お金は汚いとよくいわれます。確かに人の手から人の手へと、いろいろな人がたくさんさわっているから汚いといわれますけれども、そういう物理的な意味だけではなくて、お金というものがもっている死をもたらす力、いろいろなものを死なせてしまう力、物事をなしにしてしまう力、です。たとえば、いろいろな品物をもらいますと、もらったら大変ありがたいのですが、やはりくれた人とのあいだに借りができてしまいます。毎日、他人から物をもらってばかりいますと、自分の立場が社会的には低い人間になってしまいます。与えるほうは上位になります。とそこで、何日かたってお返しというのをします。お返しをすると、それでプラスマイナスゼロになって、あとは二人の間の贈与交換によって生じた関係、絆《きずな》だけが残ります。

贈与の二つの意味

したがいまして、物品の贈答というのは、人間と人間とを結ぶものだと。日本の歴史でいえば、たとえば室町時代の日明《にちみん》貿易のとき、たくさんの財物を明の皇帝、永楽帝《えいらくてい》とか宣《せん》徳帝《とくてい》から日本の足利将軍や守護大名、大寺院に贈与されます。日本側からすれば経済的にたいへん有利で、とにかく儲かるので、遣明船《けんみんせん》は渡航していたのだと言われます。では、なぜ多くの物品をもらえるのかというと、中国の皇帝がその威厳と体面を保つためにたくさんの財物を周辺の属国の王に贈与するからです。下賜するからです。常に物を与える立場でいないと社会的な優越者とはなれません。いつももらってばかりいると、社会的な劣位、いわば、おもらいさん、になってしまいます。

社会的な関係の中での贈与という行為は、これは上下関係を生じさせるということです。これはマルセル・モース[2]（一八七二―一九五〇）というフランスの社会学者が早くから論じたことで、古典的な「贈与論《ぞうよろん》」と呼ばれるものです。日本の柳田國男が始めた民俗学の立場で考えますと、私は、社会的な関係における物品の贈与とは別に、社会的ではない関係における物品の贈与があると考えました。社会における贈与は上下関係をつくる。お返しを繰り返せば絆が深まる。ところが、脱社会の関係、つまり相手が名前も名乗らない、

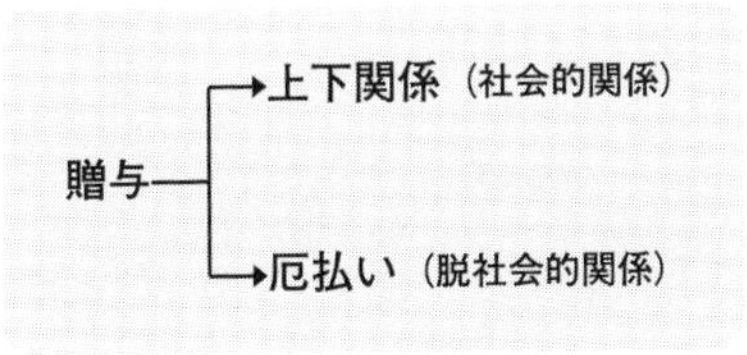

贈与をめぐる関係図

素性もわからない。そういう人間との間での贈与は、社会的な上下関係を生じさせない。では、そこに何の意味があるかというと、お祓いの意味がある。つまり祓え清めるときに物品が贈与される、というしくみです。

贈与の相手が人間であった場合には、あのときいくらあげましたね、ということで貸しができます、借りができます。しかし、神様や仏様のように社会的存在でない、つまり、はっきりとお互いに社会的に認め合ってつきあえる相手ではない巨大な存在であったり、あるいは逆に、名前もわからない旅の芸能民であったり、あるいは旅の乞食であったり、あるいはカラスであったり野犬であったり、自分と社会的な関係のない存在への物品の贈与は、いわゆる施しのたぐいです。おさい銭というのはそれらと同じで、無造作に投げていることからもわかるように、実は自分のケガレを祓《はら》え清めることを意味しているのだ、というのが私の解釈です。そこから発展させたのが私の、神社とは人びとのケガレの吸引浄化装置、つまり「ケガレからカミへ」という小さな学説なのです(3)。

貨幣は死をもたらす

貨幣というものはあらゆるものに死をもたらす、あらゆる社会関係を無しにしてしまう道具です。いろいろな物品をもらいたくさんの恩義にあずかっても、それに対してお金を渡して支払いをすませてしまうと、その恩人と自分との間には何の関係もなくなってしまいます。たとえば、たくさんの物品が入手されるからといって、スーパーマーケットでは、レジのお姉さんと自分との間に社会的な上下関係はできません。それは物品の贈与関係をお金で精算してしまっているからです。ですから、罰金とか賠償金とか、退職金とか手切れ金とか、なぜそれらの場合にお金が必要なのかというと、それはあらゆる社会関係を、コミュニケーションを、そこで無しにしてしまうためです。社会関係に死をもたらし、それを殺してしまうためなのです。貨幣は、その本質の部分に死を内在させているのです。貨幣とはケガレ（＝死）を吸い寄せる道具、ケガレの吸引装置であるからなのです。

贈与こそが社会関係の基礎

物品の贈与ということは、先の古典的なマルセル・モースの『贈与論』によりますと、社会的に上下関係ができる、ですから、もらったら返さなければならない。返さなければ自分が劣位になる、これは夫婦の間でも友達の間でも同じです。給料を入れない旦那さんには御飯はつくってもらえません。夫婦は常に贈与しあわなければ夫婦ではあり得ません。

いや、愛があるからって、そんなのは何の足しにならないのであります（笑）。やはり物品の贈与関係でしか私たちは生きていくわけにはいかないのです。いや物品だけではないということを宗教者はいい、私たちも素人ながらそう考えてはおりますが、やはりまずは「衣食足《いしょくた》りて礼節《れいせつ》を知る」ということなのです。

浄財と喜捨

そこで、もう一つの贈与です。先ほどもお話しました神社やお寺への奉納です。浄財《じょうざい》、喜捨《きしゃ》という表現があります。そこには、それによって自分の心身が清められるという意味があります。浄財とは清らかなお金という意味にふつうは考えられています。しかし民俗学の立場からしますと、自らを清めるための貨幣であるというふうに解釈されるのです。

本日は、ここでこのように私がさまざまな問題をお話して、このように解釈します、ということを申し上げます。皆様の方で、いやそれは違うということがありましたら、私のお話はあくまでも民俗学の立場ではこう考えます、ということですので、その点、御理解いただければと思います、そしてご批判、ご叱正《しっせい》をいただければと思います。

あらゆる学問は対象を独占できません。この研究課題は私たちしかしてはいけないのだというようなことは言えません。宗教学が死を研究する、貨幣を研究する。それはもちろんあり得ます。文化人類学も経済学も貨幣を研究します。しかし、民俗学も貨幣とは何かを研究することは許されます。あらゆる対象を研究することはあらゆる学問にとって自由なのです。しかし、重要なのは、その方法が違うということです。

同様なものを集めてみる

民俗学の方法とは何かというと、まずはよく似たものをたくさん集めてみることです。たとえば、お金にまつわる民俗です。ふつうお金はくしゃくしゃにして渡してはいけない、とくに祝儀ではピン札でなければいけない、などといいます。それはなぜだろうと考えてみます。お金というのはちょうどテレホンカードのように、新しい内はいろいろな汚いもの、ケガレを吸いつけてくれる磁石のような力を、ピン札はもっている。しかし、くしゃくしゃになってしまうと、その度数も減っている。日本人はそういうふうに考えるくせがあるらしいのです。

貨幣をめぐる民俗というのも、渡し方であるとか、しまい方であるとか、あるいはその使い方であるとか、そのような例をたくさん集めてみます。そして、それらのなかから共通点を探し出してみると、お金というものがもっている経済的な意味以外の役割、経済外的な意味や役割が見えてきます。

物事には具体的な意味ともう一つ抽象的な、象徴的な意味があります。たとえば亡くなった人に枕飯《まくらめし》を供える、箸を立てるのは、もう食べる人が決まっているということをあらわしています。それはたとえば、高校のクラブ活動の合宿所の夕食で、ちょっとおくれてきた学生がどこの席につこうかなと思ったときに、もう箸がついている食べ物のある席にはつかないように、死者のための枕飯には、箸を立てておいて、魔物や餓鬼《がき》が寄り付かないようにしていると考えられるわけです。それが民俗学の解釈なのです。

しかし、この枕飯に箸を立てるのはなぜか、などという疑問は、あまり学問的ではありません。子どもがどうして葬式には箸を立てた山盛りのご飯が茶碗に入れて供えられるのか、と大人に尋ねたとします。そうすると、ほとんどの大人は、昔からそうするのだ、昔から決まっているのだ、と答えるでしょう。子どもが「でも…」といったら「うるさいわね」、そんなことより学校の勉強をしなさい、英語や数学の勉強を、という親御さんたちも多いことと思われます。

小さな疑問も大きな知の鉱脈

柳田國男はそのような小さな疑問も大事な智恵の鉱脈に当たる、金の鉱脈に当たるかもしれない、それをよく考えてみるとよい、と言いました。眼前の伝承的な小さな生活事実、ミニマムから、世の中の政治や経済を含めた大きなしくみとその流れ、マキシマムを読み取ろうとしたのが、柳田國男の提唱した日本民俗学だったのです。柳田國男が生きていてそういう研究をしてくださったおかげで、私は現在、たいへんやりがいのある仕事に就けています。死んだ人が生きている人を生かすというのはよく言われることであります。死んだ人のことを考えない文化ほど貧困な文化はありません。死んだ人に動かされていま自分たちが生きているのだ、という考え方が、世界の多様な文化の中でも卓越しています。

今だけよければいいのだという人ももちろんいます。しかし、それは一つの生き方であり、自由です。ただ、事実上、自分ひとりの生命ではなく先祖から自分へと授かった生命であることにちがいはなく、それに気づくか否かでしょう。

2 死の歴史

最初に、死の歴史、というお話をしたいと思います。二番目が伝統社会の死についてです。

まず、死の歴史ということについてですが、そもそも死に歴史があるのか、という疑問もあるかと思います。はい、たしかに、死には歴史があるのです。

私の専門は日本民俗学ですが、勤務先でいろいろな学際的共同研究をやっております。人骨の研究をする人類学とか、世界各地の文化を研究する文化人類学とか、日本の歴史学、考古学などです。そこから専門外ながら隣接諸科学との協業の中で情報をたくさんいただいております。

方言周圏論

柳田國男の民俗学では、常に演繹《えんえき》か帰納《きのう》かというとき、帰納に徹するようにと言われてきました。とにかくたくさんの民俗の事例情報を日本全国から集めることに努力が傾注されてきました。そうして集めてみると、たとえばあのカタツムリの呼称ですが、京都や大阪を中心とする近畿地方ではデンデンムシといっている。しかし、関東地方ではマイマイという。中国、九州でもマイマイというところがある。しかし、もうちょっと東西南北の遠方へいくとカタツムリならぬカサツブリ、このツブリというのは、つぶらな瞳というように円いという意味です。円い形の貝の笠をもっているという意味で、カサツブリと言ったようです。それが、もっと遠くになるとニナとかナメクジと言ったりする。そして、これらの呼び方はどうも同心円上に、日本の各地でデンデンムシの名前にも地域差があるらしい。「デンデンムシむしカタツムリ、お前の頭はどこにある」、そういう子どもたちの歌が流行《はや》るまでは、いまよりもはっきりと地域ごとに差があったらしい。このような小さな子どもたちの発明したような小さな虫の名前ですが、柳田國男はそれらをたくさん集めてみたのです。松とか竹のように全国同じように広がっている言葉もありますが、それらとはちがい、虫や魚や草花など、地方ごと、地域ごとにちがう名前が伝えられている例が少なくありません。それらをたくさん集めてみると、東西南北に長い日本列島で、同心円の内側である近畿地方を中心にデンデンムシ系統の呼称がみられ、その外側の関東地方や中国地方や九州地方にはマイマイ系の呼称、そしてさらにその外側の東北地方や九州地方南部などにはカサツブラやカタツムリ系、またニナやナメクジなどの系統の呼称が分布している、ということがわかってきたのです。

平安時代の辞書『和名抄《わみようしよう》』に「加太豆布利」（カタツフリ）という語が載っており、それが古い語であることがわかります。そこでカタツムリは平安時代には平安京で使われていた語であるが、デンデンムシはずっと後の時代、おそらくは江戸時代になってから京都や大坂の子どもたちが使うようになって流行っていった語ではないかと考えられるのです。そして、その中間の時代にマイマイという呼称が流行った時代があった。つまり、動植物や物品の呼称の上での言葉の地方差は、それが流行った新旧の時代差をあらわす、という考え方を柳田國男は民俗学の視点として提案したのです(4)。

盆とホカイ

言葉の地方差だけでなく、たとえばお盆のことをホカイというところがありますが、こ

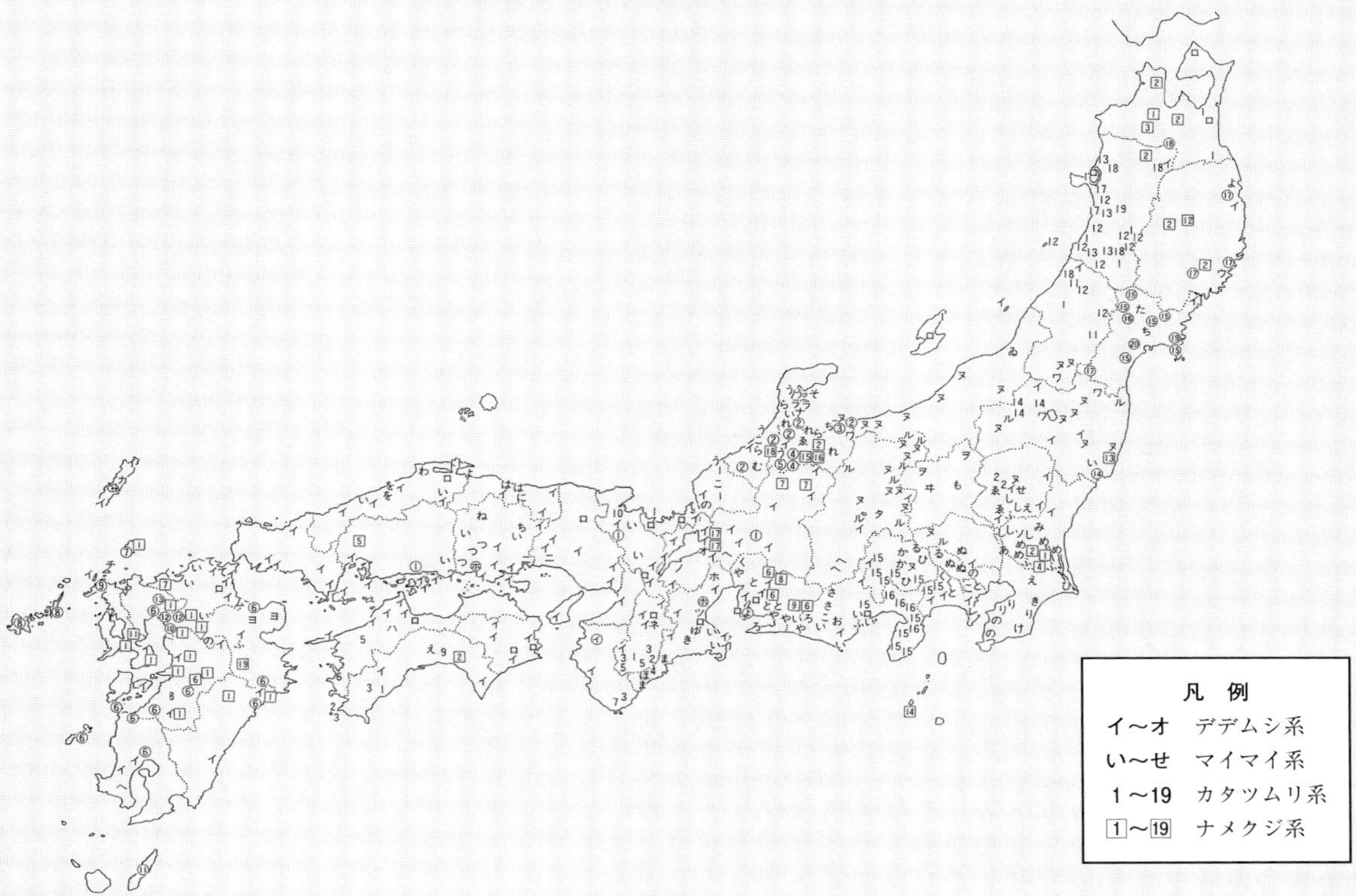
凡例
イ〜オ　デデムシ系
い〜せ　マイマイ系
1〜19　カタツムリ系
1〜19　ナメクジ系

のホカイのことは、ふつう無縁法界《むえんほうかい》、その法界というふうにみんな思っているようです。しかし、柳田に言わせるとホカイというのは、行器《ほかい》の意味であり、死霊や雑霊への手向けの食物のことだといいます。家から外へと送り出される食物がホカイであり、外から家の内へと迎える神様にたいしてはマツリである、その神様にはお供えをして、そのあとナオライといって、神前からおろして神と人とがお供え物をともに食べる。そうして神霊の力を身につけるということになるのです。しかし、お盆のお供えものはホカイであり、亡者や餓鬼にもって行かせるのであって、決して人間は食べない。そういうことをホカイという言葉はよく表しているといっています。祭りはナオライ、お盆はホカイです。柳田はこのような小さな言葉にもよく注意して、そういう地域の言葉などたくさんの情報を集めてみることをすすめました(5)。

一方、折口信夫《おりくちしのぶ》という柳田を終生慕い尊敬してやまなかったもう一人の民俗学の先達《せんだつ》がいます。その折口は、きわめて演繹的というか直観的な言い方をします。神とはマレビトである。異界からやってきて人びとに戒《いまし》めや幸いをもたらす。その棲《す》む国は常世《とこよ》の国、常《とこ》闇《やみ》の国、それは明るい幸いの国であると同時に闇の恐怖の国でもある、と(6)。

学問である限り、やはり多くのデータを収集整理して立論していく帰納という方法は重要な論証の方法ですが、それはあくまでも説得のためのデータ集積です。やはり、その一方では演繹的に考えることももう一つの方法として重要です。民俗学ではあくまでも帰納を基本とします。たくさんの事例情報を集めて、共通点や相違点から分析視点を得ていくという方法です。しかし、それと同時に一方では、理論的に、演繹的に分析していくという考え方も必要だと私は考えています。

死は概念である

そこで、死とは何か。私たちは「死は事実である」と考えがちです。しかし、霊長類学者の水原洋城さんは、「死は事実ではない」と言っています。「死は概念である」と。奇妙なことを言っています(7)。

死は事実ではない、概念であるとはどういうことか。水原さんは霊長類学者ですから、ニホンザルの生態を調べています。すると、犬や猫は仲間が死んだことがわからないらしい。なぜかというと彼らは仲間の死体を処理しないから。犬は自分の仲間の死体を見ても、掘って土をかけたりなどしません。もし、そんなことをする犬がいたらそれはたいへん恐ろしいことですね。犬や猫はどうも死ということがわかっていないから、死に対する対処がないのです。

そこで、霊長類の中でもニホンザルはどうだろうかと水原さんは調べてみました。できれば、ニホンザルが仲間の死んだところを見たらどうするか、を観察してみたい。仲間が死んだ、さて猿はどうするか。しかし、そのチャンスはほとんどありません。なぜかというと、老いて肉体が衰えた猿は群れから置いていかれるからです。群れから置いていかれると、野犬やそのほかに食べられてしまいます。身体が弱っていますから。

大分県の高崎山の猿は有名ですが、かつて、ジュピターと呼ばれたボス猿がいましたが、群れについていけなくなったとき、猿はだれも介護はしません。そこで、はぐれ猿となって野犬に食われてしまいました。京都大学の高名な霊長類学者の一人、伊谷《いたに》純一郎さんたちはそのジュピターが腹をえぐられて野犬に食われた姿を見て、このジュピターが死ぬ瞬間を猿たちが見たら、いったいどうしただろうかとたいへん関心をもったといわれます(8)。残念ながらニホンザルの研究者は、猿たちが仲間が死ぬのを見る機会というのは非常に少ない、ほとんどないというのです。群れから置いていかれるわけですから。

そのむかし、戦争の体験者の方が言っておられました。中国戦線などでの行軍のとき、一人で隊列から離れて小用を足すと何メートル遅れる、大の方を足すと何メートル遅れるというのです。遅れて恐いのは孤立してしまって敵のゲリラに殺されるからだとのことでした。群れから離れることがいかに怖いか、ということを行軍の兵士だったおじいさんたちが私たちに昔話をしてくれたことがあります。猿の群れも待ってはくれません。兵隊の隊列も待ってはくれないのです。

ニホンザルと死

そこで、水原さんが見つけたのは、実は事故死の雌猿でした。発情の時期だったということですが、雌猿を追いかけて雄猿が樹木の幹から幹へと伝わっていた。そうしているとき、木の枝が折れてしまって雌猿が下に落ちたそうです。猿も木から落ちる、というので水原さんはおもしろく書いているのですけれども、下の岩に頭蓋骨をしこたま打って即死したそうです。

そこで、水原さんは、死んだ瞬間にほかの猿がどうするか、追いかけ回していた雄猿はどうするかと注意しました。すると、雌猿の体にさわったりいじったりするのですけれども、相手がまったく反応しない。死んでいますから。そこで雄猿は、いくらさわっても反応がないので立ち去ってしまいました。しばらくしてほかの雄猿がやってきて、ペニスを押しつけたりしたといいます。しかし、ぜんぜん反応がない。子猿がやってきて毛づくろいをしたりするのですけれども、だめ。もっと近づいて観察しようとした水原さんを襲ってきた猿もいてたいへん恐い思いもしたそうです。そうしている間に、とうとうその群れが移動してしまった。死んだ雌猿はそのまま取り残されたそうです。そこで水原さんは、どうも猿には死はわからないらしい、と考えました。

一般に、猿の死ということでイメージされるのは、死んだ子猿がもう腐っているのにいつまでも手から放さないで持ち歩く母親猿の姿です。それを見て、人間は犬畜生にも親の愛情があるのか、と思うわけです。

ですけれども、霊長類の研究者たちがいうのは、単純な類推《るいすい》はまちがいだということです。戒めなければいけないのは、動物の行動を人間の世界にたとえて理解することであり、学術的にはそれが一番危険だというのです。猿は猿だから、猿の気持ちになって理解したい。しかし、それは無理です。人間は決して猿の気持ちにはなれません。そのわきまえが大切だというのです。

死んだ子猿をいつまでも手に持っているのは、その母親猿がさっきまでおっぱいを吸っていた子どもが吸わなくなって、いったい何が起こったのかわからない、どうすればいいかわからない、いわば「処置なし」の状態が、あの死んで腐った子猿をいつまでも手に持ち続ける母親猿の状態だというのです。よほど特別なケースなのです。

それを人間が勝手に思い入れをして、ああ、子どもが腐っているのに、まだ手に持ち続ける悲劇の感動的な母親猿、というふうに考えてしまっているだけなのだ、と霊長類学者は言っています。

ですから、死体を処理するとか、死体に対する特別な考え方、あるいは行動をとることは猿にはありません、というのが現在の結論です。

概念は共有される

死を理解するということ、それは概念化するということです。水原さんは、死は概念である、といっています。死とは事実が理解されて、つまり概念化されてこそ共有される事柄なのだということです。理解するためには言葉が必要です。事実を言語化しないと概念にはならない。猿の鳴き声のキャーキャーだけではだめで、死んだということを表わす言葉、言語が必要です。そこで、言語までいくかどうかはまた別の大きな問題がありますが、いま霊長類の研究で注目されているのは、指さし行為の有無です。母親猿が何かを指さし、子猿がそれにうなづくなどという行為が、もしあったらたいへんです。そこには認識と概念の共有化への芽生えが推定されるからです。親子の猿でなくても雄と雌とでもいいのですが、まだそれは確認されていないようです。もし、それが目撃されたらたいへんな発見になることでしょう。きっと新聞やテレビでも大騒ぎになり、霊長類学者がその意味を解説するにちがいありません。

日本の古代の言葉にも死の世界という言葉はありませんでした。地獄というのは地下の牢獄の意味ですが、これはもともとの日本語ではありません。黄泉《よみ》の国というのも日本語ではありません。『古事記《こじき》』や『日本書紀《にほんしょき》』の時代の日本人は、中国の言語を借用するだけで死後の世界のことをまだ明確に言語にできていなかった可能性があります。もちろん、神避《かみさ》るとか、隠《かく》れるとか、身罷《みまか》るとか、そういう表現はあります。英語の die とか death とか、日本語でも死ぬという意味の言葉の歴史をさかのぼっていくことはなかなか興味深いのです。

旧人と新人

死は、人類がその進化の過程で発見した概念である、というのが重要な点です。ホモ・

サピエンス、つまり新人のクロマニヨン人と呼ばれる段階ですが、それ以降のある段階で、死を発見したらしいのです。旧人のネアンデルタール人の段階でも死を発見していたといわれていますが、そのネアンデルタール人の段階では中緯度《ちゅういど》地方にしか生活できませんでした。しかも、そのイラクのシャニダール遺跡の発掘事例[9]などは情報的に危ういところもあり、全面的には信用できないところもあるといわれています。

北京原人とかジャワ原人とか、人類の祖先だと言われている人たちと、私たちクロマニヨン人、ホモ・サピエンスとはどうもDNAの上では大きく異なるというのがその分野の人たちの見解です[10]。その分野の研究者の人たちと学際的な共同研究をしておりますと、出てくる話題もいろいろです。人種という言葉があるから人間には、現在もいろいろな種があると誤解されがちだけれども、現在の人間は種としては単一だということです。白人も黒人も黄色人種もホモ・サピエンスとして単一の種だということです。

旧人の段階では、地球上の高緯度《こういど》地方に行けなかったのです。なぜかというと寒いからです。そこで、象などをはじめ多くの動物は進化すること、つまり、マンモス象などへと種を変えることによって環境に適応していき、生活領域を広げました。では、人間はどうか。旧人までは高緯度地方には行けなかった。しかし、新人のクロマニヨン人、ホモ・サピエンスは高緯度地方にも進出していきます。

大量殺戮による種の保存

今からおよそ五万年前にアフリカ大陸から出て行った私たちの祖先が、黒人から白人になるのにおよそ一万年以上もかかったというような話を、化石人骨を研究している著名な人類学者で国立科学博物館の馬場悠男さんでしたか研究会の席上でたしかそう言っておられました。なるほどと思いました。太陽光の少ない高緯度地方では、クロマニヨン人たちはクル病など骨の病気で多くが死んでしまったらしいのです。しかし、何度も何度もチャレンジしている間に、体質に変化が起きて白い肌へとなっていった。そうやって適応していったのだというのです。

体質に変化が起きても、それは進化ではなく、種としては変わっていない。ホモ・サピエンスという単一種でありながら、あの極寒のシベリアから氷結したベーリング海峡をわたってアメリカ大陸へ、そして南下してアンデス山地へと進出していったのです。海洋の方ではオセアニア方面へ、さらにはポリネシアを経てイースター島まで行ったということです。ただし、そのイースター島と南アメリカ大陸との間だけは切れていて、そこだけはホモ・サピエンスも移動していなかったらしいのです。

ヒマラヤ山脈の北側のアジアの乾燥地帯や極寒地帯へと移住していった人たちはその環境への適応の過程でまぶたが一重になり、インド洋から東南アジア、太平洋方面へと熱帯や亜熱帯を移住していった人たちはまぶたが二重のままだったということです。

日本列島でも南方からやってきた人たちは、沖縄の人たちのように目が二重まぶたで、朝鮮半島経由で北方からやってきた人たちは一重まぶたになっています。

そうして、地球上のあらゆる環境に適応していったのがホモ・サピエンスですが、それは進化によるのではなく、文化によるのだ、といわれています。つまり、体質は変えることなく、火を焚《た》いたり、毛皮を着たりするという、文化の力をもって高緯度地方の寒冷な気候へも適応していったのです。そうしてあらゆる環境に適応していった絶大な生殖力をもつこのホモ・サピエンスは、逆にある意味では増殖し続ける不気味な種です。困った種でもあるのです。

つまり、自分たちで自分たち自身を殺さなければ、増殖しすぎて、限られた地球資源の中では自分たちの種が維持できないような種ではないか。だから、ホロコースト、大殺戮《さつりく》をこの種はするのだ、というのが私の想定している仮説なのです。秦《しん》の始皇帝《しこうてい》が中国を統一するとき、大量の殺戮が行なわれます。彼が死ぬときにもたくさんの人が殉死し殉葬されます。卑弥呼《ひみこ》のときもそうです。古代国家ができるときには必ずといっていいほど大虐殺があります。したがって、先の二度にわたる世界大戦での大量死、これらはホモ・サピエンス自身の種のセルフコントロールではないか。

非常に危険で残酷な考え方ですが、そして悲惨なことですが、文化によって次々と適応していくホモ・サピエンスという地球上の種が、その進化の過程で、死を発見し、死に対する対処を始めた。それが、およそ三万七〇〇〇年前から三万五〇〇〇年前ではないか。海部陽介《かいふようすけ》さんという国立科学博物館の若き研究者による『人類がたどってきた道』(11)という本がありますので、お読みになれば参考になると思います。今から約三万七〇〇〇年前から三万五〇〇〇年くらい前のアフリカで発掘される化石人骨には、赤色マーカーが塗られていたり、装身具《そうしんぐ》、装飾品がつけられていたりするといいます。

そのころが、ホモ・サピエンスによる死の発見の時期ではないか。もちろんもっと早いかも知れません。しかし、人骨への加工という証拠からすれば、現在の段階ではそのように考えておくことができるということです。

死の発見は宗教の誕生

死を発見したことによって何が起こったのか。それは生の発見でもありました。つまり、死ぬということと生きるということとを対比的に考える、そういうホモ・サピエンスになっていく。すると、死ということの恐怖、そして生きているということの喜び、それが死んだ後どうなるかという不安、この世とあの世、他界観念《たかいかんねん》のめばえです。それから霊魂観念《れいこんかんねん》、生きている命というものを考える。つまり、死の発見は宗教の誕生を意味したのです。宗教は死を見つめる営為《えいい》でもあります。その死は、およそ三万七〇〇〇年から三万五〇〇〇年前に発見され、そして何らかの死体に対する対処が始まった。それが赤い色を塗るとか、装身具をつけて葬るとかであり、葬送《そうそう》というものが行なわれ、墓というものがつくられてきた原点であったと考えられます。

ホモ・サピエンスの特徴は学習

類人猿は葬式もしませんし、墓もつくりません。ホモ・サピエンスはつくります。何がホモ・サピエンスをして地球上にその生活領域をひろく拡大させることになったのかというと、海部さんたちが言うのは、それは学習の力だと。つまり、ニュートンが発見するまでわからなかった万有引力の法則を、次の世代は数学の授業であっという間にマスターしてしまう。一八九四年にラジウムという放射性の元素がマリー・キュリーによって発見されると、まもなくアインシュタインによって相対性《そうたいせい》理論の発見へと展開する。すると、すぐに教育と学習の結果、原子爆弾をつくってしまう。これがホモ・サピエンスの特徴です。ホモ・サピエンスの特徴は、すぐに学習し、自分のものにしてしまうということなのです。

ですから、私が今ここでお話ししていることの多くは、これまでのたくさんの研究者の成果です。私たちの世界では、これを「引用」というのですけれども、引用にはルールがあります。その公正性、フェアネスがあればいいんですけれども、いかにも自分が発見したように話すと、それはアンフェアです。うそつきでどろぼうと同じになります。

私どもの立場は、民俗学を専門にしながらも、研究の対象は独占できません。疑問があればどんな学問がそれを研究してもいいわけです。対象が独占できない以上、その対象をいろいろな分野から研究しますので、お互いの情報交流をする。そのときに必ず引用はフェアにしなければなりません。だれが最初にこれを発見したのか、論理を立てたのか、学説として提示したのか、それを言わないで、あたかも自分の見解のように言うとそれは信用できません。たとえば、どんな肉が入っているかわからないハンバーグのようなものであり、危険です。私たちのマナーは追跡可能な情報発信、ということになります。

ですから、本日の私の話も、これまでの多くの研究者の成果を引用する場合には、そのつど紹介しておきますので、関心がわきましたら、直接それらの書籍を読んでみてください。

王・宗教・貨幣

具体性と実証性を重視するはずの民俗学であるのに、時には演繹的に考えなければならないときもあります。さきほども言いましたように、人類による死の発見は霊魂観《れいこんかん》、他界《たかい》観《かん》の発生であった、つまり、宗教の誕生であったわけです。このような仮説は具体的な民俗資料を積み重ねていく帰納法的な研究方法からは出てきません。しかし、人間と死の問題を考える上では、必要な観点です。お釈迦さまやキリストやマホメットが登場しなくても、演繹的に理屈で考えれば、ホモ・サピエンスが死を発見したときに、霊魂観念、他界観念が発生したはずであり、そこに宗教が誕生していたと考えることができます。

そして、自分は死後の世界に行ったこともないくせに、死後の世界はこうなのだとか、人間は死んだらこうなる、などと語る人物が出てくるのです。つまり、宗教が誕生するそのときに、この世にいてあの世を語る者、この世とあの世の媒介者、つまり、王が誕生するのです。そして、その王が道具とするもの、それが貨幣なのです。(12)

貨幣というものを考えるとき、その「形式」と「素材」と、分けて考える必要があると説かれたのは、哲学者で東京経済大学教授であった今村仁司《ひとし》さんです。(13) 残念ながら今村さんは二〇〇七年の五月にまだ六五歳の若さで亡くなられましたが、生前は私も多くの教示を受けました。

貨幣としては和銅開珎《わどうかいちん》とか、あるいはその前の、中国の秦の半両銭とか唐の開元通宝《かいげんつうほう》とか、いろいろありますけども、それらは「素材」としては銅貨の形をとっています。しかし、貨幣というものの本質が発生したのはそれらよりもずっと以前、人類による死の発見とともにであったのではないか。それが今村さんや私の考える貨幣の誕生なのです。貨幣の「形式」、フォーム、ユニフォーム、つまり貨幣の着物であり容れ物の誕生です。

「形式」はそれ自体は空虚です。中に何かが入る必要があります。その「形式」、フォーム、の中に入る「素材」はさまざまです。金や銀や銅などの金属でも、牛や羊などの動物でも、絹や木綿や麻などの植物製品でも、もちろん紙でも何でもいいのです。

そして、その貨幣というのは、死に密着している道具なのです。貨幣と死、貨幣と墓場には非常な共通点が本質的にあります。それが哲学者の今村さんと民俗学の私との共通の見解でした。

多様な葬法

死が生理ではなく、発見された文化である、ということは、葬儀の仕方や遺体の処理の仕方に、社会や文化によって大きなちがい、多様性があるということからもわかります。飲食や性行動は生理的なことがらです。社会や文化によっても基本的には同じです。しかし、死への対処はちがいます。コンドルなどの鳥類に遺体を食わせるチベットの鳥葬とか、野犬やあるいはオオカミに食わせるモンゴルの葬法とかもあります。モンゴルでは、ソ連の支配下で共産主義モンゴルになる以前は、草原に死体を置いて、オオカミとか野犬がきれいに死体を食うとみんなで喜んだものでした。きれいに食べられて大地に帰れる、あるいは空に帰れると。これは社会学者で専修大学の嶋根克己さんの研究発表からの情報です[14]。

日本の場合には、そんなことをしたら何と残酷な、と思われるでしょう。しかし、古代末から中世の様子を描いた絵巻物『北《きた》野《の》天神《てんじん》縁《えん》起《ぎ》絵《え》巻《まき》』には、犬やカラスが死体を食べたりついばんだりしている光景が描かれています。が、それは現代の私たちから見れば耐えられない光景でしょう。そして、遺体を火で焼くとか土に埋めるとか、あるいは焼いた骨をどこかに納骨する、あるいは野原に散骨をするとか、海に流すとか、いろいろな葬法があります。

死が発見されたものだったからこそ、さまざまな対処の仕方が社会や文化によって異なるのだというふうに私は考えております。

ですから、時代によってもちがいがある。地域によってもちがう。そこには死という恐ろしいものを発見

北野天神縁起絵巻

してしまったホモ・サピエンスの、それを超えようとする意識の歴史が込められているといってよいでしょう。

科学の誕生

死が発見されたということと、死が言語化された、概念化されたということは、イコールです。そのかわり、生きていることがわかった。ですから、生きているということから、やがて老いて死んでいくのだということがわかった。ということは、計画的にこの世を生きなくてはいけないということをホモ・サピエンスは考えた。すると、それをすぐに学習し共有して次の世代が学習する。先人の知恵を自分たちのものとする。

そうしますと、このように人生の階段を上がるのだぞ、青春もあれば老境もあるのだぞ、ということを教えます。すると、次の世代の賢い子どもたちは死を準備する生き方を始める。計画的な生き方、つまり科学的、合理的な計画性を持つホモ・サピエンスになる。そして、死の恐怖がどれだけ精神の刺激になったか。生きがい、やりがいのある人生にするために、ということで、相当の脳内刺激がホモ・サピエンスに与えられたことでしょう。

したがいまして、死の発見は、コロンブスのアメリカ大陸発見どころではなくて、アインシュタインの相対性理論の発見どころではなくて、ホモ・サピエンスこぞってものすごい精神世界のビッグバンであった、と考えられます。ホモ・サピエンスは、死の発見によって宗教と科学とを自らのものとしたのです。

これは私が今から約十年くらい前に発表したことであります。ですから、いまではもうほとんどの人の人口に膾炙《かいしゃ》していることでしょう。それは貨幣の研究とか、さきほどの今村仁司という哲学者と交流しているときのことでした。(15)

3 葬送三転考

日本の葬送の歴史の中で、その技術史と精神史とをたどってみますと、「畏怖《いふ》と祭祀」、「忌避《きひ》と抽出」、「供養と記念」の三段階があるといってよいでしょう。葬送の文化は日本歴史の上で三転しているのです。これを、あの有名な伊達千広の歴史書『大勢三転考』になぞらえて、私は「葬送三転考」などと言っております。

畏怖と祭祀

民俗学が歴史をふまえて研究するという立場からしますと、第一段階は、日本の歴史では、やはり青森県の三内丸山《さんないまるやま》遺跡など、縄文時代の事例が参考になります。集落の入り口に死体がきれいに並べられて埋められています。ところが、ずっとのちの平安時代になりますと、京都の化野《あだしの》の念仏寺とか、鳥辺野《とりべの》や蓮台野《れんだいの》など、平安京では洛中つまり都の中に

三内丸山遺跡復原図（道の両側に420mにわたる墓列が確認されている）
『縄文文化の扉を開く』より

は墓場はつくりません。それは死体や墓地がけがらわしいと考えられたからです。

現在では京都の町の中のお寺には墓地がたくさんあります。しかし、あれは江戸時代になってからそれ以降の現象です。それまで、たとえば室町幕府の時代までは、洛中の寺院には決して墓地は営まれず、墓石も建てられませんでした。墓地は洛外の地でなくてはならなかったのです。なぜなら、洛中は神聖なる天皇と貴族、それに後には武家も加わりますが、彼らのまつりごとの中枢、神を祭り政務を行なう聖なる場所、と伝統的に考えられていたからです。そうした考え方がくずれて、寺院もその領地を失い、経営的にも有力檀家の援助を必要としてきたとき、洛中の寺院境内にも墓地の設営が行なわれるようになったのです(16)。

殯《もがり》の風習と遊部《あそびべ》

古代の考古学的知見からすれば、まず縄文時代や弥生時代の墓制、そして古墳時代の墓制の情報から、有力な首長層ではその死体は死霊とまだ不可分で、ともに畏怖と祭祀の対象であったと考えられます。古代の葬儀に関する記録情報としては、中国の歴史書と日本の神話のそれとがあります。三世紀の『魏志倭人伝《ぎしわじんでん》』では、

「其の死には、棺《かん》あるも槨《かく》なく、土を封じて冢《つか》を作る。始め死するや停喪十余日《ていそうじゆうよにち》、時に当たりて肉を食わず、喪主は哭泣し、他人は就いて歌舞飲酒す。已に葬れば、挙家《きよか》水中《すいちゆう》に詣りて澡浴《そうよく》し、以って練沐《れんもく》の如《ごと》くす。」

とあります。七世紀の『隋書倭国伝《ずいしよわこくでん》』では、

「死者は、斂《おさ》むるに棺槨《かんかく》を以ってし、親賓《しんぴん》は屍《しかばね》に就いて歌舞す。妻子兄弟は白布《はくふ》を以って服を制す。貴人は三年外に殯《もがり》し、庶人は日《ひ》を卜《ぼく》して瘞《うず》む」

とあります。

八世紀の『古事記』や『日本書紀』では、死後の世界は黄泉の国と記され、神々を産みなした生命力豊かな女神のイザナミが恐ろしい死の神の黄泉大神《よもつおおかみ》となっていると記されています。そして、死の世界には恐るべき死穢が充満しているとされています。また、高天原《たかまがはら》からの使者であった天若日子《あめのわかひこ》の葬送の記事では、喪屋《もや》が作られ、そこで八日八夜、供膳《きょうぜん》がなされ、哭泣《こくきゅう》悲歌《ひか》が繰り返される、と記されています。

この喪屋の風習は、殯の風習としてながく伝えられます。大化の改新の後の六四六年に出されたいわゆる「大化の薄葬令《はくそうれい》」で庶民の殯の風習は禁止されたことになっていますが、死者を特定の小屋に収めて葬送を行なう方式やその名残りは、その後もながく残りました。ずっと後のことですが、明治や大正のころまで、八丈島などの伊豆諸島の島々には喪屋の風習が残っていました(17)。

今城塚古墳（大阪府高槻市）

古代の天皇の喪葬のあり方と殯の習俗についてもっとも詳しい記事は、『日本書紀』の記す天武《てんむ》天皇の葬送記事です。その殯は六八六年九月九日から六八八年一一月一一日まで、およそ二年間の長きにおよぶものでした。そこでは、花縵《はなかずら》や奠《てん》（食膳《しょくぜん》）、嘗《じょう》（新嘗《にいなめ》）が供えられ、人びとは哭泣《こくきゅう》し、歌舞をし、また誄《しのびこと》といって死者を偲《しの》びその功績を讃えるなどの言葉が奏上されました。そのような天皇の殯の習俗で古い時代に活躍した伝説的な氏族が、遊部です。『令集解《りょうのしゅうげ》』が引用している「古記」（天平年間七二九―七四九成立）という書物には、遊部は、天皇の殯宮に奉仕する役に当たった氏族で、禰義《ねぎ》（刀と戈をもつ役）と余比《よひ》（刀と酒食をもつ役）と呼ばれる二人が歌舞や供膳などの役をつとめたと書いてあります。大倭国高市郡居住の氏族で生目天皇の苗裔《びょうえい》との伝承をもち、『和名抄《わみょうしょう》』にはその高市郡遊部郷の地名があります。しかし、「古記」の書かれた八世紀の天平年間には、もう氏族としての職能集団を形成してはおらず、散在して河内国の野中郷、古市郷に居住する歌垣の人たちと同類とみなされていました(18)。

火葬の歴史

火葬といえば、ふつうは仏教式の葬法だと思われるかもしれませんが、日本の古代史ではちがいます。現在のところ火葬のもっとも古い例としては、縄文前期中葉の岡山県灘崎町彦坂貝塚の例などが知られています。火葬は、縄文時代中期の中部日本に、また弥生前期には東北地方にもみられ、弥生中期には再び中部高地から関東北西部へとその事例がみられます。他所で焼いて墓坑《ぼこう》に納めた例が多いようですが、墓坑で火葬した例もあります。北海道と南西諸島にも焼人骨の例があり、墓の側に庵を結んで籠《こ》もったのではないかと思われるような例もみられます(19)。

六世紀後半から七世紀初頭の火葬の例が、いわゆるカマド塚です。大阪府堺市の陶器千塚《とうきせんづか》（一九五六年発掘）の円墳から二体の火葬人骨が発見されています。また、和泉市聖神社カマド塚、茨木市上寺山古墳、兵庫県小野市東野第三号墳、第一四号墳などでも火葬人骨が発見されています(20)。

文献の上では、『続日本紀《しょくにほんぎ》』の文武四年（七〇〇）三月一〇日の、僧道昭《どうしょう》の火葬の記事が有名で、「天下の火葬これより始まれり」と記されています。事実上の火葬はすでに広くみられていたのに、『続日本紀』がことさらにこれが最初の火葬である、と主張しているのは、まもなく天皇で最初に火葬される持統天皇の火葬を意識した記事だと考えられます(21)。古代の天皇権威を確立し、律令国家の体制を作り上げていった天武天皇と持統天皇の夫婦は、一方が古来の伝統的な殯宮儀礼を行なったのに対して、もう一方はまったく新しく天皇で最初の火葬を採用したのです。それは実に対照的です。その背景には中国の薄葬思想からの影響が考えられます。そして、天皇の火葬は、その七〇三年の持統《じとう》から、七〇七年の文武、七二一年の元明、七四八年の元正へと四代続きました。しかし、聖武から平城までの五代は、火葬は採用せず、墳墓への埋納というかたちを採用しています。

八世紀のころの火葬については庶民の場合にもいくつかの記録があります。まず『万葉集』には、

隠口《こもりく》の　泊瀬《はつせ》の山の　山の際に　いさよふ雲は　妹にかもあらむ

という歌があります。そして、『律令』では賦役令《ぶやくりよう》に、「凡《およ》そ丁匠《ていしょう》役に赴《おもむ》きて身死なば（中略）若し家人来たりて取る者無くば、焼け」とあり、軍防令には、「凡そ行軍の兵士以上、若し身病し及び死ぬことあらば（中略）屍は当処《とうしょ》に焼き埋めよ」とあります。また、喪葬令には、「凡そ三位《さんみ》以上（中略）墓を営むこと得《う》といえども、若し大蔵《だいぞう》せむと欲《おも》はば聴《ゆる》せ」とあります。この大蔵について、「古記」は大蔵とは「全く骨を除散《じょさん》することをいう」と註釈しています。

火葬の場合の遺骨の処理には、二つの方法がありました。山野への散骨と、蔵骨器への納骨です。もちろんその両極端の方法のあいだに、墓穴への埋納という一般的な方法があ

ったでしょう。しかし、記録や遺物の情報というのは、概して極端なものしか発してくれていません。もっとも一般的であった方法というのは、特別な意識の対象とはなりにくく、それだけに歴史的な資料情報化の機会が少なかったということも、歴史事実を考えるうえでは考慮すべきでしょう。したがって、あくまでも特殊な例と思われるのですが、『万葉集』には次のような歌があります。

秋津野を　人の懸《か》くれば　朝蒔《ま》きし　君が思ほえて　嘆きはやまず
玉梓《たまづさ》の　妹は珠かも　あしひきの　清き山辺に　蒔《ま》けば散りぬる

つまり、死者の遺骨灰を撒《ま》いたという歌です。

このような散骨は天皇の場合にもみられました。平安京への遷都ののちの九世紀のことですが、嵯峨《さが》天皇の異母弟にあたる淳和《じゅんな》天皇は、徹底した薄葬思想の信念をもって火葬を希望し、しかも遺骨灰を山野に撒くように、つまり散骨の遺詔を発しています。その時点では天皇ではなく上皇でしたが、臣下たちは、古来、歴代の天皇の場合、山陵《さんりょう》をたてなかった例はなく、宗廟《そうびょう》ともいうべき山陵がなかったら臣下はどこを仰げばよいのでしょうか、と懸命にいさめました。しかし、結局、承和《じょうわ》七年（八四〇）五月八日に崩じると、十三日に山城国乙訓郡物集村で火葬に付され、遺骨は遺詔《いしょう》のとおりに砕粉して大原野の西山の嶺に撤かれたのでした。

一方、これより前、八世紀の平城京の時代の高僧、行基《ぎょうき》の葬送においては火葬が採用されましたが、彼の場合は立派な蔵骨器が作られました。その『行基蔵骨器銘』には、次のような刻文があります。

「壽八十二、廿一年二月二日丁酉の夜、右脇にして臥し、正念《しょうねん》の如く、にわかに右京菅原寺に終《お》はる。二月八日、大倭国平群郡生馬山《やまとのくにへぐりぐんいこまやま》の東陵に火葬す。是遺命《これいめい》に依《よ》るなり。弟子僧景静等《でしのそうきょうせいら》、攀号《はんごう》するも及ばず、瞻仰《せんぎょう》すれども見《まみ》ゆることなし。唯砕残《ただざいざん》の舎《しゃ》利《り》、然盡《ぜんじん》の軽灰《けいはい》有るのみ。故《かれ》、此《こ》の器中に蔵《ぞう》して、以て頂礼《ちょうれい》の主と為し、彼の山上を界して、以て多宝の塔を慕《した》はむ」（原漢文）

つまり、行基の遺骨灰は蔵骨器に納められその上に多宝塔《たほうとう》が建立されて、弟子たちの礼拝の対象とされたのでした。死者の身体と霊魂を素朴に畏れ祭る古代の思考は、このように古墳祭祀から蔵骨器供養へと通底しているように思われるのです。

「忌避と抽出」へ

死を穢《けが》れと考えて、強くそれを忌避する考え方が強くなってくるのはいつごろからか、というと、たとえば桓武《かんむ》天皇が平安京に都を移すときです。そのころまでは山城国《やましろのくに》の愛宕郡《おたきぐん》や葛野郡《かどのぐん》、つまり平安京が造営されることになる地域ですが、その地域の人たちは人が亡くなるたびに住居のそばに埋めており、それが長い間の習慣となっていたと『日本後紀』には書いてあります。延暦《えんりやく》一六年（七九七）一月二五日条に

「山城国愛宕葛野郡人、毎有死者、便葬家側、積習為常」

とあります。前述の三内丸山遺跡の葬法を彷彿《ほうふつ》させます。

しかし、そこに神聖なる宮都を造営するに際して、その習慣、習俗は禁止されていきました。宮都に死の穢れが充満しては困るというわけです。ですから、墓地はすべて平安京の外部へと営まれるようになったのです。

つまり、先の縄文時代の三内丸山遺跡の縄文時代、それから弥生時代、古墳時代まではずっと遺体を守り祀る、畏《おそ》るべき怖いものとして遺体と霊魂とを祀る時代がありました。「畏怖と祭祀」の時代です。その特徴的な現われ方が、古墳時代であり、首長墓をまつる古墳祭祀です。首長の遺体とそれを納める墳墓とが首長の権威の象徴と見なされていた時代でした。それは律令制下でも継続して奈良時代から平安時代になっても、荷前使《のさきのつかい》といって、選ばれた歴代の天皇や皇后の墳墓には供物が奉納されていました。

継続した陵墓祭祀

八世紀以降の律令制下では、歴代の天皇や皇后の墳墓は、山陵や御墓《ごぼ》と呼ばれ、陵戸やそれに代わる墓守や守戸がおかれて大切に守られていました。荷前使というのは、そのような山陵や御墓に対して、毎年十二月に遣使して奉幣するものでした。

歴代の天皇や皇后のうち、そのような荷前使による特別な奉幣の対象を指定する、十陵四墓の制を定めたのは九世紀の、はじめて臣下として幼帝清和《せいわ》の摂政に就任した藤原良房《よしふさ》でした。天安二年（八五八）のことです。十陵というのは、奈良朝に全盛であった天武・持統系の歴代天皇の陵墓ではなく、平安京で全盛を迎える天智系の天皇の陵墓でした。つまり、選ばれた十陵とは、天智《てんじ》、施基《しき》皇子、光仁《こうにん》、高野新笠《たかののにいがさ》、桓武、藤原乙牟漏《おとむろ》、早良《さわら》親王、平城《へいぜい》、仁明《にんみょう》、文徳《もんとく》という歴代の天皇と皇后および天皇の生母の陵墓であり、四墓というのは、藤原鎌足《かまたり》、冬嗣《ふゆつぐ》（良房の父）、美都子（良房の母）、源潔姫《きよひめ》（良房の妻）という良房の先祖と両親および妻でした。その後、良房が死亡すると、十陵五墓の制といって、貞観十四年（八七二）に、十陵に高野新笠を除いて明子（良房の娘で清和の母）を加え、四墓に良房自身が加えられました。(22) これは、はるか古い時代の古墳祭祀の名残りと考えられます。

しかし、平安京の造営以降は、洛中はきびしく死穢《しえ》を忌避する場所となっていきました。さきほどのような洛外墓地の設営です。鳥辺野、化野、蓮台野などの集合墓地でした。とくに十世紀あたりを転換点として、貴族たちは火葬によって遺骨の一部を抽出して寺院やお堂に納骨する方式をとり、死穢を徹底的に忌避するかたちをとったのです。「忌避と抽出」の時代の到来、というわけです。つまり、死穢を発散する遺体は火葬して浄化し、遺骨だけを寺院やお堂の塔の中に納骨するという時代です。

その転換期の十世紀の『空也誄』には、

「曠野古原□有委骸堆之一処、灌油而焼留阿弥陀仏名焉」

という文言がみえます。原野に散乱していたたくさんの庶民の遺体を集めて火葬し、阿弥《あみ》陀仏《だぶつ》への念仏を唱えながら葬送を行なった、というのです。十世紀には仏教の関与による火葬が広く普及をしはじめていたのです。墓地は死穢の充満する場所としてすべて洛外に設営するという方式の中で、墓地は参詣するものなどいない忌避《きひ》すべき場所とみなされるようになっていました。荷前使による墳墓祭祀の伝統を継承していた藤原良房（八〇四―八七二）からみれば、その五代後の孫の世代である藤原道長《みちなが》（九六六―一〇二七）の時代には、藤原氏累代の墓所である宇治の木幡《こはだ》の墓地は、荒れ果てて参り寄る人もなく、古い塚が累々と重なる寂漠《じやくばく》たる不気味な場所となっていたと『栄花物語《えいがものがたり》』や『大鏡《おおかがみ》』また「浄《じよう》妙寺願文《みようじかんもん》」(23)などには書かれています。道長が一三歳のころ、父親の兼家のお供をして木幡の墓地へやってきたときの様子は、

「古塚塁々　幽遂寂々　仏儀不見　只見春花秋月　法音不聞　只聞渓鳥嶺猿」

「いずれの人も、あるは先祖の立て給《たま》へる堂にてこそ、忌日《きじつ》にも説経《せつきよう》、説法《せつぽう》もし給《たまふ》めれ、真実の御身《おんみ》を歛《おさ》められ給《たま》へるこの山には、ただ標《しるし》ばかりの卒塔婆《そとば》一本ばかり立てれば、又《また》参り寄る人もなし。これいと本意《ほい》なきことなり」

という状態であったというのです。そこで、道長が成長してのち寛弘《かんこう》二年（一〇〇五）に宇治木幡《うじこはだ》の墓地に建立したのが、浄妙寺三昧堂《じようみようじさんまいどう》でした。

「供養と記念」へ

その後、貴族の世界でも変化が起こります。それは新しく台頭してきた武士たちからの影響です。武士たちにとって、戦う身体は最もたいせつなものです。ですから、とくに戦闘死した人物の遺体は決して粗末にはしませんでした。父親の遺体を埋めた場所に菩提寺《ぼだいじ》をつくるなどして、死者を記憶しその功績に報いようとしました。そして、武士も貴族も、

死者の冥福《めいふく》を祈って菩提を弔《とむら》い供養を行なうことをたいせつにするようになります。

貴族と武士の相違とは何か。貴族とは、まつりごと（神祭りと政治）のために、清浄性を必須とした人たちであり、その墓地は、生前いくら親愛なる祖父母や父母たちの眠る場所であっても、忌避すべき死穢の充満する場所であり、したがって墓地は神聖なまつりごとの場所から離れた洛外の地に設営されなければならなかったのです。それに対して、戦闘能力を必須として、殺害行為をも必然的な営みとする武士たちにとって、象徴的な言葉が、「一所懸命《いっしょけんめい》」とか「手負注文《ておいちゅうもん》」という言葉です。所領の確保に生命をかける、とか、戦闘による身体の損傷はむしろ奮闘を証明する手柄であり、恩賞の対象となる、という考え方です。

『源平盛衰記《げんぺいせいすいき》』には、三浦義明《よしあき》という、源頼朝の挙兵に際して八九歳の老軀をその本拠衣笠城とともにささげて討死した老武将が、

「君に力を付け奉《まつ》りて、一味同心《いちみどうしん》に平家を滅ぼし、日本の大将軍になしまいらせて、親祖父《しんそふ》が墓所なりとて、骸所をも知行して、わが孝養《こうよう》にえさせよ」

といったという記事があります。また、河原太郎と藤田行安《ゆきやす》の討死に際して、

「勲功のとき、河原太郎と藤田行安が子どもに、生田荘を給ふ。その墓所のためなり。

今の世までも彼社《かのやしろ》の鳥居の前に堂塔を造立して菩提を弔ふとかや」という記事もあります。

そして、伊予国《いよのくに》の新居氏の氏寺の観念寺については、次のような古文書も残っています。康永三年（一三四四）の「越智兼信等置文《おちかねのぶらおきぶみ》」（観念寺文書）です。そこには、

「このてら（寺）は　そんあ（尊阿《そんあ》＝新居盛氏の後家）そうりう（造立）のてら（寺）なり。ならひにせんそ（先祖）もりうじ（盛氏）の御はかところ（墓所）也。さんほう（三宝）おあんち（安置）してやうこう（永劫）たんせつ（断絶）あるへからさる物也」。

とあります。つまり、武士たちは墓所に寺院を建立して、それが一族の菩提寺として先祖をまつる場所として大切に子孫に伝えられたというのです(24)。

近世の葬送習俗

では、次の近世の葬送墓制の民俗として注目されるのは何かというと、以下のような三つの特徴です。第一は、檀家《だんか》制度です。治安対策の行き届いた江戸時代の幕藩体制のもとで、それぞれの村落社会における相互扶助の慣行が形成され、檀家制度の整備による葬儀

と営墓の画一化がもたらされました。葬送と営墓に関する、いわば「家（村）・寺・墓」の三位一体のマニュアルが形成されてきたのです。第二は、俗に「大坂七墓《ななはか》」、「江戸五三昧《ござんまい》」といわれるように、人口の集中する大都市の形成とそれに対応する大規模な集合墓地の形成です。

大坂七墓＝長柄（葭原）・梅田・南浜・蒲生（野江）・小橋《おばせ》・千日・飛田

江戸五三昧＝小塚原・千駄ヶ谷・桐ヶ谷・渋谷・焙烙新田

それは、人口集住に対応する遺体の効率的な火葬処理、という循環のシステムの形成でした。そんな大坂では、死者の供養として、盆の旧暦七月一五日の夜には「七墓参り《ななはかまいり》」というような行事も生まれていました。全国的には土葬が一般的だったのですが、江戸や大坂などの大都市では火葬も普及してきていたのです。

また第三に、中世から近世にかけて、墓石や位牌がその主要な装置となり、そこには故人の名前（戒名《かいみょう》や俗名《ぞくみょう》）が記され個人として記憶され記念される存在となっていきました。そうした「供養と記念」の時代というのは、はじめは武家の間に普及しましたが、しだいに庶民階層にもひろがり、近現代はその「供養と記念」の時代の延長線上にあるといえます。

つまり、死と葬送の日本歴史という観点からすれば、古いむかしの墳墓祭祀の時代、それから平安京を中心とした死穢忌避と洛外墓地の時代、そして、墓堂建立と墓石供養の時代、というふうに葬送の三転が認められるのです。

4 伝統社会の死と葬送

伝統的な葬法

では、現代社会と葬儀の変化という問題に入っていきたいと思います。まず、これまで伝統的であった葬儀とはどのようなものであったのか。

図―①は三重県鳥羽市の野村史隆さんが調査して絵に描いているものです。昔も今も死体を写真に撮るなどということはあまりありませんので、民俗学の調査では絵に描いて説明してもらうことも多いのです。これは一九六〇年代まで伝えられていた葬送の様子です。このように数珠を手に持って着物をさかさまにして、そして枕元には線香とかお灯明《とうみょう》とか、あるいは御

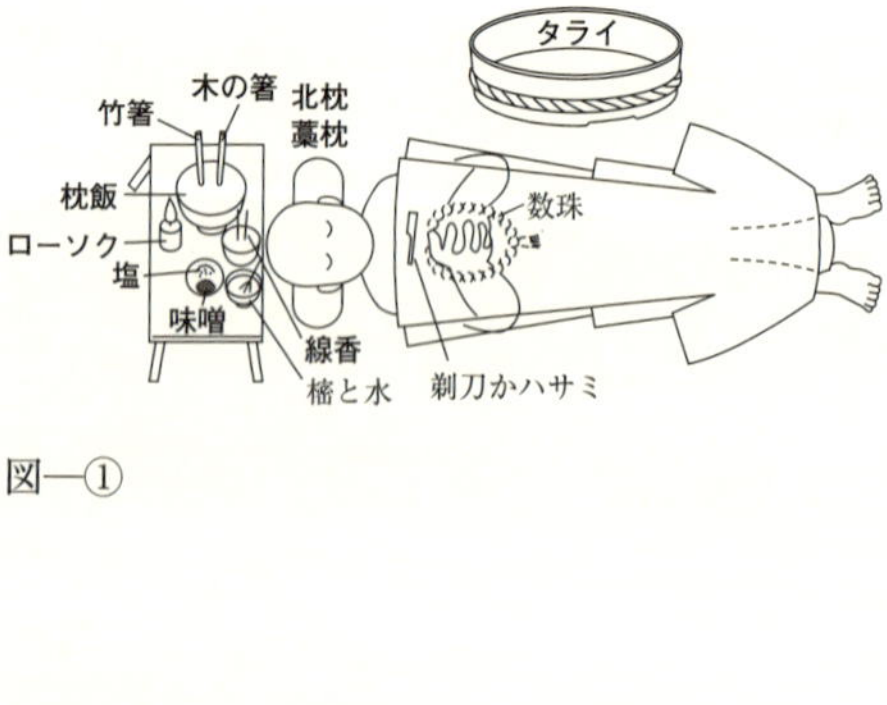

図―①

飯には箸が立てられています。昔はまた座棺で座らせる姿勢でした。

図—②は、葬式の前後の流れが書かれています。昔から「葬式三日」といって、死亡当日から4日目まではいろいろとたくさんの葬式の行事が行なわれました。これはかつての鳥羽市域の事例で詳しく調査してあるものです。

むかしは図—③のようにして、棺《かん》が立てて据えられ、今の遺影のような写真はありませんでした。塔婆《とうば》と御飯と水、線香、それから、ふつう家から外に棺を出していくわけですが、こんなふうに旗を持って、花かごを持って龍頭《たつがしら》を持って進んでいく。また善《ぜん》の綱《つな》と呼ばれるものを引いて墓地ま

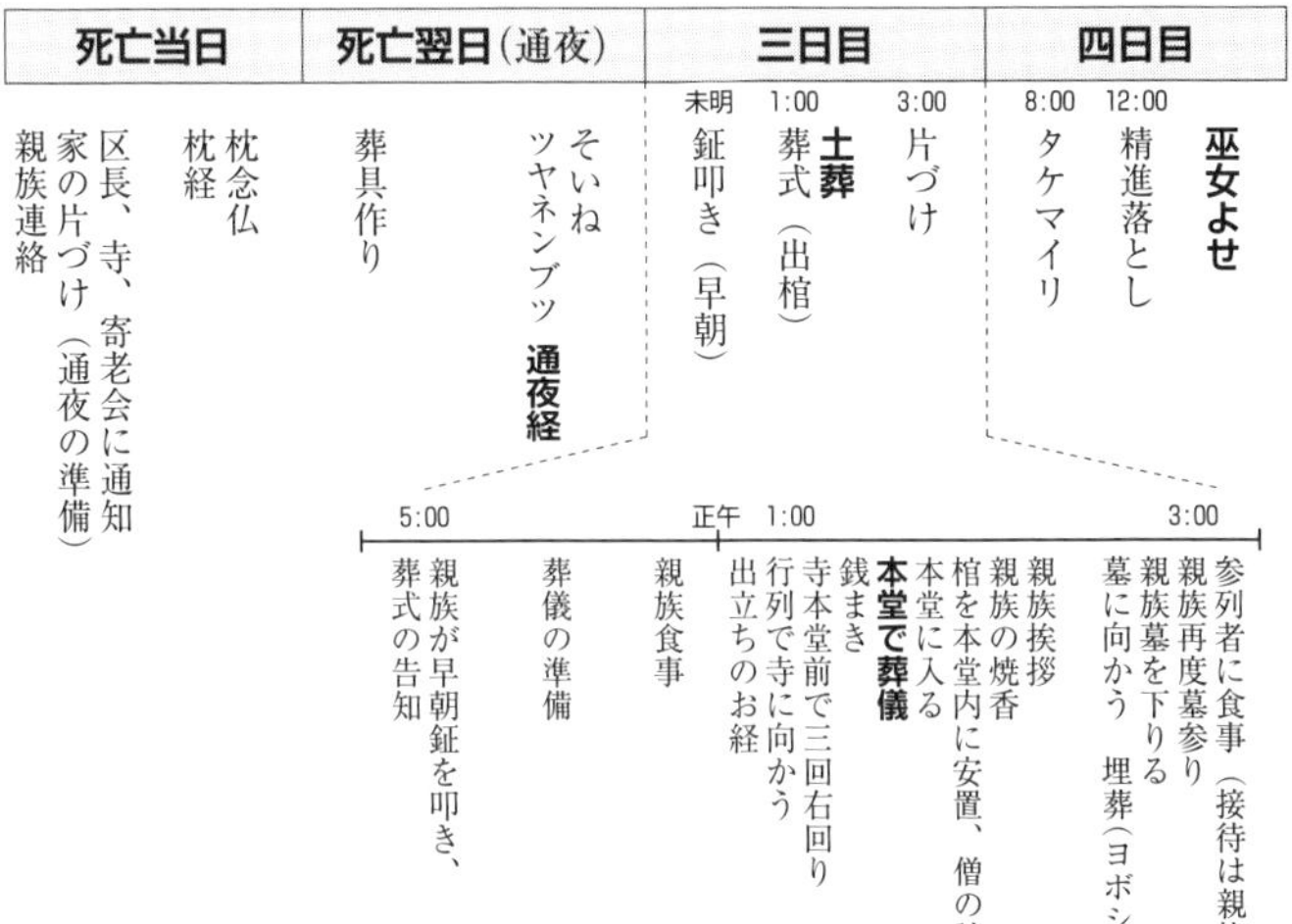
参列者に食事（接待は親族）
墓に向かう　埋葬（ヨボシゴ）
棺を本堂内に安置、僧の読経

図—②

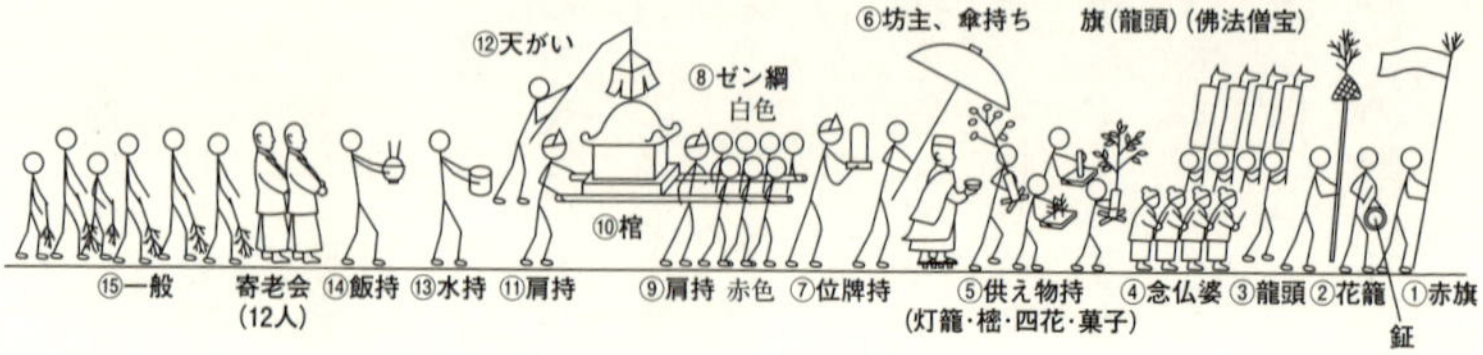
⑫天がい
⑧ゼン綱
白色
⑥坊主、傘持ち
旗(龍頭)(佛法僧宝)
⑩棺
⑮一般
寄老会
(12人)
⑭飯持
⑬水持
⑪肩持
⑨肩持
赤色
⑦位牌持
⑤供え物持
(灯籠·樒·四花·菓子)
④念仏婆
③龍頭
②花籠
①赤旗
鉦

図—⑤

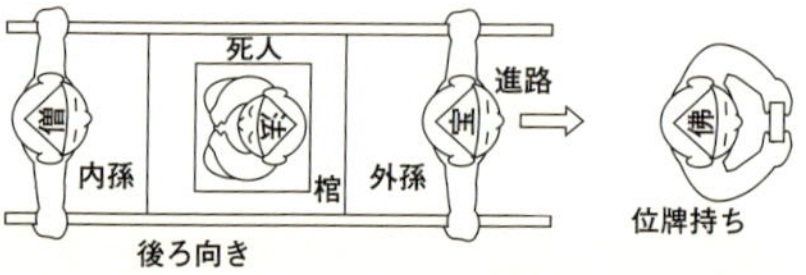
死人
進路
僧
宝
佛
内孫
棺
外孫
位牌持ち
後ろ向き

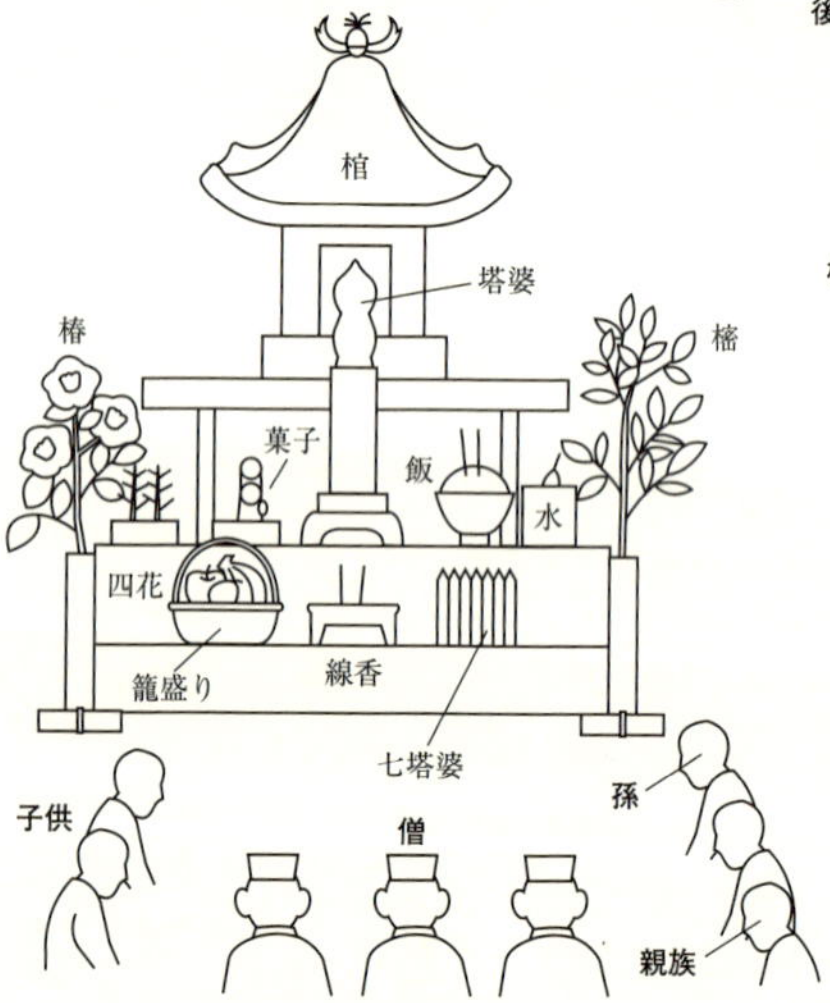
棺
塔婆
椿
樒
菓子
飯
水
四花
籠盛り
線香
七塔婆
子供
孫
僧
親族

図—③

棺、位牌持ちの衣装
三角（佛宝法僧）
晒し白着物
杖
左前
白袴
ひねり
草履（アシナカぞうり）

図—④

でいったのです。

死体を運ぶ近親者は、三角の布を頭につけます。この事例では、棺の前を担ぐ人は外孫《そとまご》で、棺の中で座った死者は後ろを向いています。内孫《うちまご》が後ろを担ぐというかたちで、死者は後ろ向きで墓地まで運ばれました。位牌持ち、それから死んだ人、それから棺を担ぐ人たちは同じ服装をしています。つまり、白い着物を来て、頭に三角布をつけています。

白装束に三角布の意味

白装束《しろしょうぞく》に額の三角布というのは、死者と同じ成員であるということを表現していると民俗学では解釈します。現世から他界への移行の途中にある人、またある世界からよその世界へと移行する途中にある人というのは、太陽を避けて頭部に笠や布などの被《かぶ》り物《もの》をするのが通例でした。結婚式での花嫁も白い被り物をします。角隠《つのかく》しというのはその略化形式の一つです。むかしの参勤交代の武士たちも旅の途中には必ず笠を被りましたし、旅人も笠を必ず被りました。渡世人の三度笠や三味線を抱いた女鳥追いの鳥追い笠なども映画やテレビの時代劇でよく知られているとおりです。葬儀でもむかしは死穢を帯びているのでおてんとうさんに申し訳ないといって、女性の参列者は白い布の被り物をしていました。

額に付ける三角布もそのような日除けのための頭部への布の被り物の略化形式の一つと考えられるのです。そうして、近親者が死んだ人と同じ服装をするということは、彼らが一時的に、現世の社会的な存在ではなくて、他界へと旅立つ死者と同じ特別な存在であるということを表しているわけなのです。

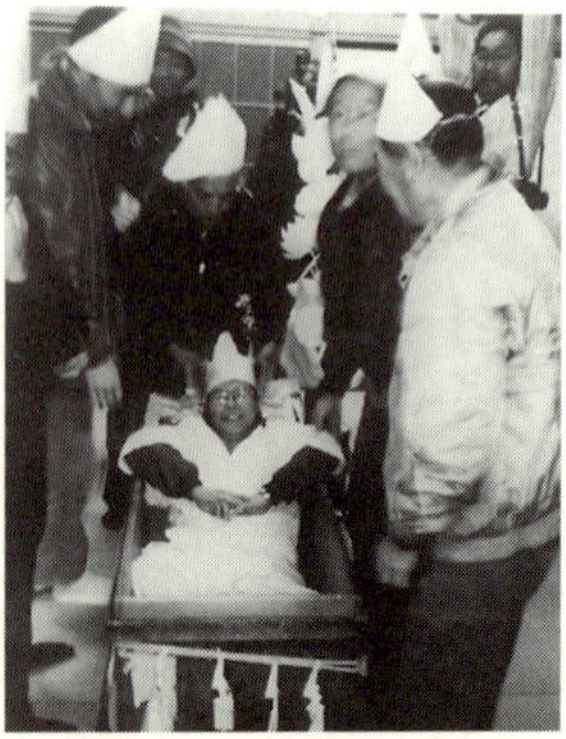

生前葬としてのジャランポン祭（埼玉県）

喪服の変化―白から黒へ―

死装束といえば白ですが、昔の喪服というのは白かったのです。白い喪服だったのです。それが黒い喪服へとかわってくるのは、早い例は明治から大正のころの東京など、大都市での政治家や資本家など上流階級の葬儀でした。遅い例は戦後の高度経済成長期以降の全国各地の農山漁村の一般の人びとの葬儀の変化です。つい近年まで喪主が白装束であった地域は少なくありませんでした。

その白装束の喪服が、黒いスーツへと変わっていきました。すると、黒は喪服というよりは式服とか礼服という意味になっていきます。

その白い服装というのは、この人は死んだ人と同じ服装だ、死んだ人の身内だということを表します。そして、世間から隔離されました。なぜかというと、死というものはある力をもって普通の人たちに悪い影響を与えると考えられたからです。それが死の「穢れ」と呼ばれるものです。

つまり、死んだ人は親しい人を呼ぶ、とか、連れていかれる、引っ張られる、などとよく言われました。死者と死穢には、生きている親しい人を死の世界へと引っ張り込む力がある、そんな危険な死者の血縁的な関係者は、親子や親族、身内の範囲で同じ服装をして固まっておいてもらい、一般の人たちには死穢を感染《うつ》さないようにしていたのです。

ですから、通夜でも死んだ人を一人にしないで身内

白い喪服の葬儀と葬列（1934年・奈良県）

は一緒にそばにいて、死者と同じく、一歩あの世に踏み込んだ状態にあるということにしたのであり、それを表す服装が白い喪服であったわけです。

ところが、それが黒い洋服となり、礼服になっていきました。その早い有名な例は、伊藤博文の葬儀の例です。明治四二年（一九〇九）一〇月二六日、ハルピン駅頭で暗殺された伊藤博文（享年六九歳）の葬儀は、一一月四日に日比谷公園を会場に国葬で行なわれました。その葬儀では必ず黒い燕尾服を着用するように、と厳重な服装心得が示され、伝統的な羽織袴姿で入場を断られた人たちでかなりの混乱がみられたということです(25)。その明治の終わりごろには、二葉亭四迷や石川啄木の葬儀では遺族はみなまだ伝統的な白装束でしたが、しだいに政府関係者などの大都市の葬儀では欧米式をまねて黒い喪服を着用する例もふえていったのでした。そうして、喪服の色は白から黒へ、つまり、死者になぞらえた服装であった白から、式服へと変化していきました。その大きな変化が列島規模でおこったのは、戦後の一九六〇年代からの高度経済成長期以降のことです。ネクタイさえ取り替えればそれこそ葬式でも結婚式でも一日に両方に行ける礼服へとなったわけです。

死者と米

かつては、野辺送《のべおく》りなどといって、葬列を組んで遺体を埋葬墓地まで運びました。前述の鳥羽市の事例では、写真—①のように、道の途中で藁草履《わらぞうり》が脱ぎ捨てられ、カワラメシと呼ばれるご飯が棄てられています。このカワラメシというのは、野辺送りで、飯持ちの役の女性が茶わんに盛りつけて持っていくものです。つまり、死者の食べる御飯なのですが、その半分は藁の容器に入れて餓鬼のために、毎年夏のお盆の死者の火祭りを行なう広場に置いておき、それを野犬やカラスが食べてなくなっていれば、餓鬼が食べてしまったものといって安心する、というものです。

日本各地に伝えられていた昔の伝統的な葬式では、野辺送りでは死体を運ぶだけではなくて、枕飯のように死者とともに食べ物を運ぶことが行なわれていました。そして、もう一つ葬列とは別に運ばれる米がありました。それはウマヒキ（馬引き）とかコニダ（小荷駄）など、いろいろな言い方が地方ごとにあるのですが、葬式の野辺送りの行列

写真—①

とは別に、つまり遺体を送る野辺送りとは別に、死者になぞらえた服装をした人物が、ウマヒキとかコニダとか、また秋田県下などではアトミラズなどともいうのですが、お米をカマスに入れて一人だけそっと墓地に持参する例が多く見られました[26]。その役の人は絶対にだれかと会ってもしゃべってはいけない、といわれています。つまり、このような役をする人は、死者の霊魂を米と一緒に葬列とは別に送っているらしいのです。

身体《からだ》送りと霊魂《たま》送り、が別々に行なわれていたのです。そして、それに関連するらしいのが、一つは寺送りと呼ばれるもの、もう一つが四《し》十《じゅう》九《く》餅《もち》とよばれる四十九個の小餅です。寺送りというのは、葬送の野辺送りのあとで、喪家から檀家寺にお米を持っていくものです。これはコニダやアトミラズが墓地に持っていかれるものであるのに対して、その代わりにお寺へと持っていかれるものです。いずれも死者の霊魂の安定のためのお米と考えられます。このアトミラズの写真は、秋田県の嶋

1989年撮影
アトミラズ（秋田県）

1998年撮影

田忠一さんが撮影されたものです。

四十九餅というのは、それをつくる日にちとしては、葬送の当日、初七日、四十九日、の三通りがありますが、四十九個の小餅を搗《つ》くものです。これは死者の四十九日間の霊魂を表す餅と考えられます。またそれは身体を表す餅とも考えられます。霊魂を表すというのは、四十九個の餅が四十九日の期間の死者の霊魂のための一日ごとの象徴的な食べ物だと考えられるからです。具体的には死者は食べ物を食べません。しかし、観念的にはまだ死者は食べ物を必要としていると考えられていたのです。

四十九餅が身体を表すというのは、四十九日の忌《い》み明けの儀礼に際して、四十九餅の小餅を笠《かさ》の餅と呼ぶ平べったい大きな餅とともに搗き、笠の餅を身体になぞらえて手や足や頭をちぎって食べるとか、人型に並べてそれを近親者が分けて食べるなどという奇妙な習俗が各地に伝えられているからです。(27)

三種類の米

さて、このように、日本の葬式ではお米や餅がたいへん重要な役割をもっています。そして、葬儀に際してのお米には、三種類があります。一つはいまみたようなアトミラズや枕飯など死者のための米、もう一つは死者と生者との食い別れの米です。出立ちの飯とか、引っ張り餅などです。四十九餅もこの食い別れの餅の一種と考えられますが、それについてはまたあとで説明します。そして、もう一つが生きている人のための米で、香典がそれです。香典というのは今ではお金ですけれども、もとはお米でした。写真―②は福井県若狭地方の事例です。土地の民俗学者小林一男さんが撮影されたもので、生前にぜひ活用するようにとわざわざ郵送してくださったものです。米俵に「御香奠」と書いてあります。これは葬式に参加する人たちが食べるためのお米でした。なぜ葬式に参加する人たちに米が必要だったのか。それは、葬式は死者の死穢に触れる行為であり、死者に引きずり込まれるかもしれない、死穢に感染する危険なことと考えられました。ですから、自分たちの生命力を守るための米の力が必要だと考えられたのです。

写真―②　香典（福井県）

葬式でお酒が清めだといわれるのも同じような心意からです。死んだ人の身体から霊魂が抜け出ていきますが、そのときに親しい人たちの霊魂も引っ張られると考えられ、生きている人たちが自分の身体と霊魂とを守るためには、お米を炊いたご飯を食べたり、お米で造ったお酒を飲んだりして生命力をつけないといけないと考えられたのです。

死者が呼ぶ

現在のお葬式では、このようなことはあまり気にかけられていないようですが、一九七〇年代から現在にいたるまで、私が、各地の民俗調査で見聞きしているたくさんのケースでは、親しい人が死ぬと、どうも連れていかれるようで元気がなくなるという人がたくさんいました。また、民俗調査というのではないのですが、薬指の指輪のところが異常に冷えて痛くなり、死者の霊が呼んでいるような感じがする、という友人もいました。もと私の勤めていた大学の同僚の英文学の先生ですが、彼女の弟が横浜市内で交通事故で亡くなったとき、交差点で相手のほうが信号無視をしてきたのに、死人に口なし、ということで、相手の過失がほとんど認められず、裁判でもあまりていねいな審理が行なわれないような状況にあったときのことです。

お姉さんの薬指の指輪のところが冷えて痛くなって、何だか不思議な感じがする、弟が助けてくれと、自分の言い分を言いたいと言っているような気がする、というのです。弟が自分の無念な思いを姉に伝えているのではないか、と思った彼女は、急いでその話を電話で両親にしました。両親は、亡くなった息子がもう帰ってくるわけではないので、それまではとくに予定していなかったその交通事故の裁判の、傍聴席に着くことにしました。そして、たいへん辛いことながらも、相手の言い分の証言を聞くことにしたというのです。そうしたら、加害者側の弁護士の言いなりではない、被害者側の弁護士の主張も通る展開になったといいます。お姉さんの指の痛みもまもなく引いていったのでした。

また、宮田登という民俗学の有名な先生、私も生前はいろいろとお世話になった先生です。その宮田先生が、二〇〇〇年二月に六三歳の若さで亡くなられたのですが、入院した病院での医療事故かと疑われるようなまったくの不慮の死でした。そのとき、伝聞情報ではありますが、生前に親しくしていたある宗教人類学の先生が、とにかく宮田さんが呼んでいるようで変な奇妙な感じがするといわれていたというのです。また、自分の枕元に宮田先生が立った、と私に直接語った人もいました。その宮田先生の霊魂については、実は私にも奇妙な体験があるのですが、それについてはたいへん不思議な体験なのですが、話が横道にそれて長くなるので今日は触れないでおきます(28)。

なお、岡山県の山間部の農村で聞いたことなのですが、その村では四十九日までの間、死者が家の周りを歩いているのが見えるというおばあさんがいました。そのおばあさんは特別な人ではなく、農家のふつうのおばあさんで、他にも何人かは霊感がつよく、そのおばあさんのように死者がみえる人がいたとのことでした。ともかく、何かちょっと霊的に感覚が強いような人の場合には、死者の霊魂をめぐっては奇妙なことが多いようで、さまざまな場でそれらが語られています。それが感じられない人にはただの迷信《めいしん》なのですが。

経験知から迷信へ

迷信といえば、カラスが鳴いたら人が死ぬ、とよく言いますけれども、あれはたしかに迷信でしょう。しかし、私が民俗調査の旅のなかで出会った、たとえば岡山県備中町の安田武さんというそのご夫妻の話では、カラスが鳴いたら人が死ぬというのは本当だと言われました。なぜかというと、鳴き方でわかるというのです。とにかく変な鳴き声を出すのだと。同じ岡山県の久米郡に住んでおられた民間の修験者《しゅげんじゃ》、後藤秀道さんも、人が亡くなるときのカラスの鳴き声はすぐにわかるといっておられました。(29) ふだんの鳴き声ではなく、それはそれはいやな声、変な声で鳴くのだと。カラスがそんな鳴き声をしたときには後藤さんは遠出を控えるようにするとのことでした。なぜなら、葬式が出て修験の除法を頼まれるからです。カラスの鳴き方にも意味があり、喜んでいるとき、怒っているときなど、山間部で育って祖父母や両親からカラスの鳴き声の区別を聞いていれば、その聞き分け方は自然に身につくものだというのです。

そのカラスは、いま私たちが東京や大阪など大都会で目にするあの大型で何でも喰いあさるあのハシブトガラスではありません。野山に生息するハシボソカラスです。カラスがかわり人間が聞く耳をもたなくなると、カラス鳴きというのはしょせん迷信だとなってしまうのです。しかし、もとは経験知の一つだったようです。経験的に聞き分けられたことが語られているあいだに、それがわからない人たちに、その形式だけを話すと、それは迷信になってしまいます。

ですから、葬儀では米が必要だという伝承、つまり死者を扱うときには必ず、お米やお酒や餅が必要だと言い伝えてきた人たちの伝承も、まったく根も葉もない話ではなく、とにかく気をつけたほうがいい、という経験的な米の力への依存、米の活用というのがあったのかもしれない、と思います。不思議な民俗伝承に対する理解としては、近現代の思考法ですぐに真っ向から否定するのではなく、最終決定を急ぐよりもいったんは保留しておきながらなるべくたくさんの関連情報を集めるというのが、態度としてはいいのではないかと思います。

枕飯と引っ張り餅

死者の送りで大切とされているのがお米です。さきほど話した三種類の米のうちの食い別れの米です。

写真―③は四十九団子です。埼玉県秩父地方の例です。埼玉県教育委員会の『秩父の通過儀礼』(30)の中のものです。

写真―④は墓地での引っ張り餅です。青森県津軽地方の例です。これはたいへん貴重な写真で、岡山民俗学会を主導されてきた佐藤

写真―③　四十九団子（埼玉県秩父地方）

写真―④　引っ張り餅（青森県津軽地方）

米司さんが撮影されたものです。近親者の女性たちが頭に白い布を巻いたり、白い喪服を着ています。

写真—⑤は埼玉県新座市の例です。葬列で枕飯を運びます。これは墓地に供えられた枕飯ですが、まだ野犬やカラスなどの手がついていません。七本塔婆の二本しか残っていませんので、埋葬して少し日にちは経っているはずなのですが。この枕飯に手がつかないということは、死者が迷っている、往生していないということで、かつてはたいへん心配されましたが、私がこの写真を撮った昭和六〇年（一九八五）ころにはもう野犬もいなくなり、カラスもハシブトガラスで市街地の飲食街の残飯などで食べ物には不自由しなくなっていたようです。

写真—⑥は高知県馬路村というところの例です。この家の奥さんは俳句や短歌の上手な

写真—⑥

写真—⑤　枕飯（埼玉県）

地元の文化人でした。四十九日の間はこうやって小さなお膳が供えられます。遺体はすでに丘の上の墓地に埋葬されているのですが、家では毎日四十九日の間は食膳が供えられます。

一方、写真―⑦は兵庫県の例ですが、四十九餅です。神戸女子大学の田中久夫さんが教え子の皆さんとともに収集された貴重な資料です。四十九日の法事の前日に家族で四十八個の小さいお餅と、大きめの平たい笠の餅とをつくります。こういうふうにして小さいお餅に、大きく平べったい笠の餅をかぶせるのです。

これは地方によっては、先にも話したように人間の身体の形になっていて、ここは手、ここは首、ここが足などといって、それを並べ、引きちぎってみんなで食べる例もあります。この四十九餅というのは、四十八個か四十九個の小さな餅であると同時に、それを引っ張り合ってちぎって食べるための笠の餅が付随している例が多いのです。そし

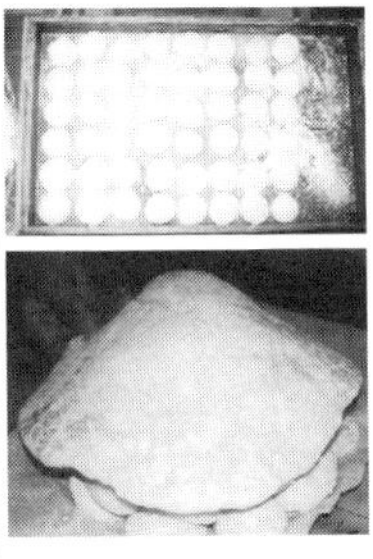

写真―⑦　四十九餅

て、それは死んでまだまもない生死の両界のあいだで、あいまいな状態の死者の霊魂の安定のための四十九日間の餅であると同時に、食い別れの餅でもあるのです。

死者との食い別れの餅ですから、ある意味では危険な餅です。ですから、この引っ張り餅はふつうのちぎり方はしません。つまりあの世に引っ張られては困るので、さきほどの青森県津軽地方の墓地での例では、兄弟で引っ張り合ってちぎったらその餅は後ろ向きに投げてしまいます。

この兵庫県の例では、一人で庖丁で切るのですが、必ず敷居の上で切ります。敷居の上というのは、その上を踏んではいけないといわれるような境界的な場所であり、その上で切るようにして、一人で切って生者と死者の二つの餅を同時に自分の手にしてしまう危険を回避する工夫の一つとして生まれた作法といえます。

葬儀と魔除け

写真―⑧は、二〇〇〇年の時点で撮影された栃木県での葬儀の例です。これは私の同僚の関沢まゆみさんが撮影した貴重な収集資料の内のひとつです。それをここでは借用して紹介してみます。まだ葬祭業者の斎場ではなく、喪家であげられている葬儀の例です。中央の祭壇は葬儀社が設営した祭壇で遺影がほほ笑むようになっていますが、かつての葬儀ではそれはなかったものです。葬儀社が提供するようになるまではこんな豪華な祭壇はなかったわけです。祭壇に向かってお寺の住職さんがお勤めをしておられます。親族が並んでいます。外から来た人は庭先からお参りをします。出棺では近所の手伝いの役の人がこうやって棺を担ぎ出していくのです。

座敷に死者の霊が残ってはいけない、また、いろいろな魔物が残ってはいけない、ということで念入りに魔除けの作法が行なわれます。その一つは、箒《ほうき》での履《は》き出しです。

お正月の三が日には掃除をしてはいけない、箒で履き出してはいけないといいますが、それ

写真—⑧

は正月にやってくる年神様や福の神様を掃き出してはいけないからです。お掃除というのは具体的な意味ではゴミを掃き出して、部屋をきれいにするということですが、象徴的な意味では霊的なものを掃き出すという意味があります。

そして、魔除けのその二は、ザルコロガシです。竹で作ったザルとかカゴというのは農具の一つですが、ふだんは頭にかぶってはいけないなどといわれるものです。

ザルコロガシ

そのカゴとかザルというのは、魔除けの意味をもつ道具でもあるのです。十二月八日と二月八日をむかしはコト八日といって魔物がやってくる危険な日なので、竹竿の先に目籠をつけて屋根に高く立てかけておいて魔除けとした地方も多くありました。いまではもうそんな習俗は廃れてしまいましたが、平成一二年（二〇〇〇）の栃木県の農村での葬儀ではまだこのような葬儀におけるザルコロガシの魔除けの習俗が残っていました。これはこの地区でも最後の土葬ではないかと思われますが、野辺送りから土葬までの一連の写真はたいへん貴重な民俗資料です。平成一二年（二〇〇〇）の撮影ですから、あれからもう七、八年が経ちました。九三歳の天寿をまっとうされたおじいさんの葬儀でした。

次に、写真―⑨は岡山県の例ですが、野辺送りから帰ってきたときの清めの儀礼です。箕の中に入れた塩と米糠《こめぬか》とが清めに使われています。これはノートルダム清心女子大学の太郎良裕子さんが撮影された写真です。

写真―⑨

5 現代社会の死と葬送

有名人の葬儀

さて、いまみた栃木県の農村部の例では、平成一二年（二〇〇〇）の時点でもまだ古い伝統的なしきたりをたいせつにする家や村では、葬儀社が入ってきてはいたものの旧来の土葬の方式が実施されていました。しかし一方、東京や大阪などの大都会では、葬祭場での葬儀が一般化してきています。

写真—⑩はダイエーの創設者の中内㓛さんの葬儀の写真ですけれども、きれいに花が飾られた祭壇で、遺影の笑顔がほほ笑んでいます。祭壇ときれいな花が特

写真—⑩　中内　㓛さんの葬儀

徴です。このようなきれいな祭壇ができるようになったのは、まだその歴史は新しく一九八〇年代以降のことです。

写真—⑪は作家の水上勉さんの葬儀の祭壇です。小説『越前竹人形』などの作品で知られる方で、それにちなんで竹をあしらったアレンジがなされています。

それから、写真—⑫はもと巨人軍のピッチャーで「八時半の男」と呼ばれた宮田征典投手、のちには名コーチといわれましたが、その時計がアレンジされています。これらは、葬儀が死者への記憶と記念の時代、メモリアルの時代になっている

写真—⑪　水上　勉さんの葬儀

写真—⑫　宮田征典さんの葬儀

ことをよく表しています。

　このように宗教色をなくして記念品で故人を偲ぶかたちは、ホンダの創業者本田宗一郎氏の葬儀などが早い例だと思います。平成三年（一九九一）の彼の「お礼の会」はバイクのエンジンなどを記念に展示したお別れ会でした。有名人、著名人の場合にはこのように記念になるものをあしらうかたちが現在ではよく見られます。

　一般の人の場合にはふつうに葬祭場で行なわれていますが、これほどまでは個人の記念にはこだわらないようです。そして、お墓をつくっても、子供たちが、孫たちが、それをずっとめんどうみてくれるとは限らない。そういう時代になってきています。また、子供がいない、継承者がいないということも少なくありません。そこで、多くの都市住民の間では自分の思い出の土地や海に、遺骨を埋骨したり散骨して撒いてもらうという例や、あるいは、樹木葬《じゅもくそう》などというのも流行ってきています。山林の中に撒いてもらうなど、墓地や墓をとくに個別には維持しないという例もふえてきている、そんな時代が来ています。[31]

散　骨（写真撮影　堤　勝雄）

記念の個別差

原始・古代の「畏怖と祭祀」、古代・中世の「忌避と抽出」、近世・近代の「供養と記念」という葬送三転の中で、現代は、供養と記念の時代、となっています。そして記念の時代とは言っても、有名な人と有名ではない人と、最近は格差社会などと言われますけれども、墓をもてないような人たちがたくさん出てきているということです。では全員が墓をもたなくなるかというと、そうは思えません。墓をもたないような人たちはかつてもいました。現在もいるのです。それはそれでいいと思います。

たとえば、多磨霊園という都市型墓地が大正一二年（一九二三）に東京都の郊外につくられます。しかし、こんなことをしていたら東京は墓だらけになってしまうと、当時の人たちは心配したようです。一定の時間が経つとまとめてしまわなければいけないだろうというわけです。フランスでも有名なモンパルナスの墓地とか都市型墓地がいろいろありますけれども、それらの墓はあくまでも選ばれた人たちの墓なのです。私どもほとんどすべての人間が自分を記念し記憶してもらうための記念碑的な墓石や石塔を建ててそれを残そうとしても、そういうことは実際には不可能であり、すべての人の墓を残すということなどあり得ないことなのです。

実際の死者と墓石を建てられた死者

実は数年前、奈良県のある村で明治一八年（一八八五）から昭和三七年（一九六二）までの全員の死亡者リストというのを見る機会がありました。近代の明治国家は欧米の近代国家をまねて国民一人ひとりの生命までも支配しようとしました。近代国家という言い方でもいいのですが、最近では国民国家という言い方が流行《はや》っています。同じような把握のしかたなのに、欧米の学界から発信されてくるネイション・ステイツ、この目新しい概念に飛びつくのが日本の学者のクセのようで、おもしろいと思います。

それにしても、明治の近代国家は、あのフランスの哲学者ミシェル・フーコーのいう「生に対する権力 pouvoir」(32)の行使を実際にめざしたようです。まず、国民一人ひとりの生命を管理する体制の第一歩として、堕胎罪を作りました。私たちがだれと結婚しようが、何人子供を産もうが、また処理しようが、それは私たちの勝手でしょう、というような状態であった江戸時代から、国家が戸籍法で管理する総国民管理体制を作っていったのです。そして、成人したら国家の人材として徴兵制で兵隊にとっていくわけです(33)。

江戸時代には、貧困その他の理由から間引きなどもありました。しかし、それを是正しようとする政策は倫理的に試みられますが、それを刑罰の対象として幕府や藩は介入することはありませんでした。それが江戸時代のそれなりの社会の仕組みでした。

ところが、明治の近代国家は、国民全員の誕生から死亡まで全部のリストをつくろうとしたのです。そしてそれは、妊娠の段階から国民一人ひとりを支配の中に組み込もうとしたものでした。このたび見ることができた埋葬人名簿は、そのような明治国家のまさに「生に対する権力　pouvoir」の行使の政策の一つの結果であったということができます。

そこで何がわかってきたかというと、村人全員の死亡埋葬リストがあるのですから、たいへん貴重な生命の近現代史の復元ができるのです。そしてその一方、まったく別のプロジェクトで科学研究費助成というのがあって、かつて歴博の同僚で現在は奈良大学におられる考古学者白石太一郎さんを研究代表者とするチームで、私もその研究分担者の一人でしたが、その村の墓地に建てられている墓石の悉皆《しっかい》調査が行なわれました。バイトの学生とかたくさんのスタッフを動員しての調査でした(34)。

それにより、大字ごとにそれぞれちがいがあるのですが、死亡者つまり被埋葬者全員と、墓石にその名が刻まれている人物全員との照合が可能となったわけです。それをあわせてみると、この死者はどこに埋葬され、墓石はどこに建てられているのか、あるいは建てられていないのか、それがわかってきました。村の中に何カ所か墓地がありますが、この人物はここに埋めたと書いてある、何年何月何日に、死後何日に埋めたかまで書いてあります。

その村は、いわゆる両墓制《りょうぼせい》のみられる村でした。両墓制というのは遺体を埋葬する墓地と、墓石つまり石塔を建てる墓地とが、別々に設営されている墓制のことを民俗学で名づけた呼称です。それに対して埋葬墓地にそのまま石塔を建てるふつうのかたちを、民俗学では単墓制と呼んでいます。その村では埋葬墓地は大小の規模のちがいはありますが、計九カ所あり、両墓制のかたちと単墓制のかたちの両方のタイプがみられました。そこで、埋葬墓地に埋められた人たちのリストと墓石に名前が刻まれた人たちのリストとを比べてみたのです。いったいどれぐらいの人が墓石を建ててもらっていたか、みなさまはどれぐらいだとお思いになりますか。

いや実に驚きました。同じ村なのですけれども、ある墓地では埋葬された一〇〇人のうち二人か三人しか墓石が建てら

両墓制　石塔墓地　埋葬墓地

れていないのです。ほとんどの人がその名前も残さずに土中に埋められてそのまま土に帰っているのです。役場の戸籍簿や檀家寺の過去帳がなければ、ほとんどの人がこの世に記録をとどめなかった人、いなかったと同じ人になるのです。同じ村で比較的多くの墓石が建てられている別のある墓地の例でも、墓石を建てられている死者は三〇％にも足りませんでした。最大でも二八％ぐらいでした。ということは、一〇人のうち八人には墓石がないのです。埋葬人名簿のほとんどの人はまったく土に帰っているだけなのです(35)。

そういう彼らに何が残っているかというと、位牌です。位牌は家ごとに仏壇で供養しています。それにしてもすべての死者の位牌が納められているわけではありません。代々の当主夫婦を中心に選ばれた死者たちだけで、しかも多くは幕末期以降の死者だけなのです。

埋葬墓地は共同利用が原則であり個人の所有ではないので、次々と古くなった場所を掘り返してリサイクルして新しい死者が埋められます。ですから、ながく連れ添った夫婦、おじいさんとおばあさんでもその村では近くに一緒に埋めてはもらえないのです。亡くなった順番ですから、おじいさんが先に死んで、しばらくたつとおばあさんが亡くなったとき、必ずしもおじいさんのそばには埋めてもらえません。古い場所を掘り起こして遺骨が出てきても気にせずに軽く土中に戻し、新しい遺体を埋葬するのです。そうして、同じ墓域をリサイクルしている。これが近畿地方の村の埋葬墓地の特徴です。

墓石は異常死者のため

では、死者のうちの一割から二割程度の墓石を建ててもらった人とは誰かというと、それは実は多くが子どもなのです。幼い子どもが死んでかわいそうだというので、両親が建ててあげているのです。あるいは、お嫁に行く前に病気で死んだ娘がかわいそうだと両親が建ててあげています。あとは戦死者です。遺体は帰ってきていないけれども戦死した若者にだけは墓石を建ててあげています。

というわけで、身近な墓石の歴史を調べてみますと、全部の人が全部、自分の欲望どおりに記念保存のために墓石を建ててもらうというような時代はこれまでもありませんでした。おそらくこれからも無理でしょう。しかも建てられたのは不運なかわいそうな子どもたちや若者たちが中心だったのです。

それが、日清戦争以後、明治の終わりから大正、昭和の戦後の高度経済成長期まで、二〇世紀の数十年間というそのわずかな時代に、日本全国で「何々家先祖代々の墓」というかたちの大型の墓石が建てられるようになります。そして、それは長い墓石の歴史からいえば、わずか歴史上一瞬の現象だったのです。最近では「和」とか「愛」とかの文字を刻んだりして、家の名前を刻まない墓石もふえてきています。ですから、家ごとの先祖代々の墓という大型の墓石が現在では目立つからといって、それが墓石の基本であり伝統であると考えるのは、墓石の変遷史からみれば大きなまちがいなのです。

儀礼の商品化

最近の葬儀の特徴の一つは、豪華な祭壇ですが、それは葬祭業者の商業的なアレンジメントです。葬儀社が関与しなければ、そして利益があがらなければ、そのようなサービスはしません。まさにフューネラル・インダストリー、葬祭産業という言葉のとおりです。このフューネラル・インダストリーという言葉は、今から約三〇年ぐらい前でしょうか、著名な経済史学者で一橋大学の中村政則さんがアメリカに留学中に耳にして、不思議な産業もあるものだと印象に残ったと言っておられました。そのフューネラル・インダストリー、葬祭産業はまたたくまに日本をも席巻《せっけん》しました。葬儀が産業化したのです。

都市上流階級の儀礼文化

しかし、歴史をさかのぼってみると、葬儀屋とか、霊柩車《れいきゅうしゃ》とか、そういうふうなものは昭和の戦後になってはじめて登場したものではありません。その登場はすでに明治時代からでした。

江戸時代末期にも、棺おけを用意する桶屋が早桶屋などと呼ばれていましたが、明治になって東京、名古屋、大阪などの大都市部で造花や雑貨などの葬具提供業から葬祭業へと転じたケースが多くみられました(36)。

宗教を拒否して告別式という形をとった最初の例は、明治三四年(一九〇一)の中江《なかえ》兆民《ちょうみん》の葬儀です。中江兆民はあらゆる宗教を拒否します。そして、友人葬で告別式というのが行なわれました(37)。

霊柩車の始まりは、棺をトラックに乗せて運んだ大正一一年(一九二二)の大隈重信《おおくましげのぶ》の葬儀です。まだ専用の霊柩車ではありませんでしたが、そのトラックによる搬送が霊柩車の濫觴《らんしょう》とされています(38)。

また、神前結婚式というのは、神社で神様の前で神主さんが祝詞《のりと》をあげて三三九度の盃を交わすものですが、あれは一九六〇年代以降にブームになりました。しかし、その始まりはというと、それも明治時代なのです。明治三三年（一九〇〇）皇太子嘉仁親王《よしひとしんのう》のちの大正天皇ですが、その成婚式がその最初で、まもなく明治三五年（一九〇二）、日比谷大神宮で挙式した新郎高島ドクトルと新婦仙台の豪商金須松三郎の妹松代の結婚式が神前結婚式の最初でした。その後、東京市長尾崎行雄の次女たま子の結婚式も神前式で、また京都の大丸呉服店社長下村正太郎の結婚式では八坂神社で挙式して京都ホテルで披露宴をするというかたちが採られるようになっていきました。東京では帝国ホテルが多く、つまり明治の華族だとか財界人また陸海軍の将校などの上流階級が行なったのが神前結婚式とホテルでの披露宴でした。当時はとても庶民にはあのような有名な神社での挙式や高級ホテルでの豪華な披露宴など高嶺の花で、とても彼らの手に届くものではありませんでした(39)。

結婚式にも次々と変化が

しかし、そのようなかつて都市の上流階級が行なっていたような神前での結婚式とホテルでの披露宴という方式が、やがて庶民のものにもなってきたのです。それが戦後の高度経済成長期を境にしての現象なのです。その一九六〇年代以降というのはまさにかつての戦前の上流階級の儀礼文化が大衆化していった時代なのです。かつてエリートが独占していた神社での結婚式、ホテルでの西洋料理の披露宴、それらを一般の人たちも行なうようになったのです。戦後の高度経済成長で、みんな同じようにパーティーをするようになったのです。

しかし、最近ではそれがだんだん嫌われてきている傾向があります。最近の若者はチャペル・ウエディングもやめ、神前挙式もやめ、そして仲人なしのレストラン・ウエディングへ戻ってきているケースもあります。レストラン・ウエディングというのは、よく見てみれば、実はもともとの宴会だけの伝統的な農村の結婚式と同じです。どこが違うかといえば、村社会の近隣の家同士で呼び合う関係ではなくて、企業社会の個人のネットワークで、友達関係で呼び合う点です。つまり、村社会・地縁社会か、企業社会・ネット社会か、のちがいだけです。披露と宴会が中心である点は、かつての農山漁村で行なわれていた伝統的な結婚式と同じなのです。ですから、一九六〇年代に雨後のタケノコのようにつくられた結婚式場、平安閣とか玉姫殿など、もう経営が成り立たないことでしょう。もともとそのような施設はなかったのですから。

したがって、もし神前結婚式や三三九度が日本の伝統だなどといったら、それはまちがいです。それは明治、大正のころに都市の一部の上流階級がはじめたものであり、そのような上流階級でブームになったものが、それが戦後の高度経済成長で庶民の手にも届くようになった、もちろん高級料理の俗化や形式化はありましたが、庶民のあこがれが実現したものだったのです。しかし、その形式性が飽きられて、やがてはもとへと戻っていっているのです。

民俗の三つの伝承波とその循環

このような葬儀や結婚式の近代の変化から想定されるのが、

α波—近世以来の地域社会や親族集団のあいだでの相互扶助による素朴なかたちの儀礼や習俗

β波—近代の明治以降に都市上流階層のあいだで見られるようになった商品化した豪華なかたちの儀礼や習俗

γ波—戦後の高度経済成長期以降にそれまで上流階層のものであった商品化した豪華なβタイプが庶民にも広がり一般化、大衆化したかたちの儀礼や習俗

という三つのタイプの存在です。そして、このα、β、γという三つの方式はそれぞれが歴史的な三つの伝承波といってよいと思われます。α波を伝統波、β波を創生波、γ波を

大衆波、とよんでいいでしょう。葬儀も結婚式もそうですが、民俗の歴史的な変遷は、都市と農山漁村と、また富裕な上流階層とそうではない一般階層とでは、その変遷の時期にそれなりの時差があります。相互扶助の手作りの α 波が一方ではまだ強く残りながらも、都市上流階層のあいだには β 波が普及しはじめ、戦後の高度経済成長期以降は、さらにその β 波が一般化し、大衆化したかたちの γ 波が、列島規模で急速に普及してきている、そんなふうに考えられるのです(40)。

そして、この民俗の三波伝承のしくみは、経済伝承の場合やその他の民俗の伝承の場合すべてにあてはまるといってよいでしょう。たとえば、α 波(伝統波)とは、農林水産業や商業や職人仕事が手作りの時代の民俗、β 波(創生波)とは、産業革命がおこり機械生産が普及していく時代の民俗、γ 波(大衆波)は、その機械生産が農林水産業や都市部の商業や職人仕事のあいだにも広く普及していく時代の民俗、です。そして、この三波伝承のしくみで重要なことは、α 波が β 波にとって代わり、さらにそれが γ 波にとって代わるという単純な発展論ではないという点です。α 波の手作り技能は、β 波の機械生産や豪華な儀礼に、またその大衆化した γ 波の圧倒的な普及の前に、その歴史的役割を終えてあえなく消滅してしまうのか、というと、決してそうではありません。

どんなに機械化や合理化が進んでも、手作りの素朴な技能や感覚は、経済的な第一線の価値に代わって文化的な価値、または芸術的な価値を付与されて根強く生き残るのです。そのような三つの伝承波の再生と循環のしくみに、民俗学は注目するのです[41]。

最近の結婚式では、仲人を立てることをやめ、神前式でもキリスト教式でもない、レストラン・ウエディングやハウス・ウエディングが流行ってきているようだと先ほどいいましたが、それはまさしく、披露と祝宴のみという単純なα波（伝統波）の現代的復活という側面があるといえます。葬儀でも、葬儀社や寺院の関与を極力おさえようとする直葬《ちょくそう》と呼ばれる密葬やお別れ会という形式には、もっとも単純で素朴なα波（伝統波）の再来という側面があるように思えます。ただし、寺院の協力をもおさえようというのは、近世の檀家制度よりもそれ以前への回帰のようであり、やや不安定感も残ります。しかし、民俗学としては現代の新しい動きとして注視していきたいと思っています。

看取りと死に顔

葬儀の場合、高度経済成長期を境に葬祭産業が進出してきたことによって何が変わったか。目に見える変化の一つは祭壇の登場です[42]。かつては棺が仏壇の前に安置されるだけの素朴なものであったのが、豪華な祭壇に変わり遺影が飾られるようになりました。かつては死者の死に顔がたいせつでした。おだやかな死に顔というのが望まれるものでした。また送る側からしても、人間は最期はこのような血の気のひいた蝋人形《ろうにんぎょう》のような顔になるものだと、それをよく見て最期のお別れをしたものでした。死ぬということはこういう顔になるのだと。

しかし、現在のような祭壇ではまだ元気だったときの遺影が飾られます。実際の死に顔とは似ても似つかぬ微笑む顔です。これはいわば虚偽の葬儀だと私は思いますが、それが流行っている以上、民俗学は流行っているものは否定せずに分析の対象とします。

ところで、私の年齢の離れた大切な友人で、お医者さんの長谷克という先生が数年前に亡くなりました。お医者さんなのですが、私がかつて勤めていた大学の先生でした。もともとは国立甲府病院の院長だったのが、定年のあとでその大学に来られたのです。その当時は専門分野は違うのですが、ほんとうに楽しい交流ができました。

その後、定年になられ、私も現在の職場に移るなどがありましたが、いろいろな記念日のパーティなどで会ってはよく何人かで飲んでいました。そんなある年の二次会で、「実は僕は癌なんだよ」と言われました。私は「もう先生はご高齢だから、癌も進行しませんよ」と言ったものです。

しかし、それから一年後くらいでしたか、その長谷先生が入院されてもう長くないかも知れないとの連絡を受けました。これはそのときの話です。

地下鉄東西線の行徳という駅の近くの病院に入院されていました。私が部屋を訪ねると奥様や息子さん夫婦が看病しておられました。その息子さんはすぐれた社会学者でその当時は千葉大学の教授でした。ベッドの長谷先生はもう意識も朦朧《もうろう》という状態でした。奥様が「新谷先生が見えましたよ」と言われました。すると、何か口をもごもごとされていましたが、その言葉はよくわかりませんでした。奥様は、いま主人はとても喜んでいます、とおっしゃいました。そして、奥様によれば息子のことをよろしくって言ってるようですよ、とのことでした。

私は長谷先生に向けて耳元で、「あっちの世界に行ってもまた飲みましょうね。私もいつかは行きますから」と言いました。そして、前の大学で一緒だった英文学の野地薫という先生、さきほど弟さんが交通事故で亡くなったという話の先生ですが、その野地さんに、明日かあさってか、とにかく見舞いに来るように言いますからねって、言いました。すると、長谷先生は少し嬉しそうな顔になったように見えました。私も来週また来ますからねって言いました。
長谷先生は、野地さんのことを親しく「薫ちゃん、薫ちゃん」と呼んでいたのですが、それが少しもいやらしくないのです。野地さんも笑って親しんでいました。それで、長谷先生がもうそろそろ危ないから、といって野地さんに電話で言いました。野地さんはさっそく次の日にお見舞いに出かけたそうです。そのときの野地さんの話によると、病室の長谷先生はもう意識も薄そうで、言葉は出せない状態でした。そして、奥様や息子さんたちが部屋の外に行っておられたとき、野地さんが長谷先生に「最後にチュウしてあげますね」っていって額に軽くキスをしてあげました。

長谷さん・野地さんと筆者
(1991年)

それは実は私が電話で、そうしてあげてねって言っておいたこともあるのですが、なぜなら、長谷先生はかつて元気なときによく「薫ちゃんがチュウしてくれたら、僕は死んでもいいや」なんて、冗談でよく言っていたのです。野地さんも「やだ、先生」とかいったりして、もちろん仲はいいのですけれども、そういうふざけっこをしていたのです。でも、

「最期にならしてあげるよ」とかなんとか言っていたのです。その軽く額にキスしてあげたとき、野地さんが言うには、もうかなり衰弱した状態の長谷先生が、うれしそうな顔をして、心なしか頬が赤くなったというのです。

そして、その次の日の早朝に息を引き取られました。これで大往生まちがいなしだねって、あとで野地さんと話したものでした。次の週にまた来ますからねって言ってた私の二回目の見舞いは、もう必要なかったんだろうねって、笑いあいました。

これは現代の特殊な例ですが、伝統的な看取りや葬儀では、このように、最期の顔を見て見送るのがとても大事でした。衰弱していく身体とそこから離れていく霊魂、その霊魂とはどのようなものか、そのような想像力の中で、人間の死というものの厳粛さと現実味、リアリティがあったのです。

それが今では、まだ元気なころの微笑んでいる写真が遺影として祭壇に飾られているのです。長谷先生の葬儀でもやはりそうでした。

この世に執着を残さず

伝統的な葬儀では故人の記念物というのは基本的にはなしでした。なぜかというと生への執着の象徴だからです。また、絶対にしてはいけなかったのは、棺に納めた死体の上に涙を落としてはいけない、つまり、死者の妻は涙を落としてはいけないといわれたものでした。死者がこの世に執着を残してしまい、迷うからです。死んだ人を迷わせてはいけない。まずはあちらへと送らなければいけないというのでした、故人の記念物が重視されるようになるのはずっと後の話なのです。葬儀社は商売ですから祭壇を飾ります。葬儀の商品価値をあげようとするわけです。

　それから、友人たちが別れの言葉をささげる告別式というのも、もとはありませんでした。僧侶の読経や引導渡しや焼香などの葬儀式が中心でした。つまり死者の個性をなるべくなくすようにしていたのです。あの古代の記紀神話のイザナギノミコトとイザナミノミコトの黄泉の国の話でも、イザナミノミコトは、もとは愛する妻であっても黄泉《よみ》の国の住人となったら、恐ろしい死神となって襲いかかるのです。死者は生前とは人格が変わって死の世界では死穢を発散して人びとを死に引き込もうとする恐ろしい存在になってしまうと考えられたのです。それが伝統的な日本の生死観、霊魂観だったのです。

　ところが、それが今大きく変わってきているのです。死者の個性とその記念という時代がやって来ているということなのです。

葬儀の大変化

そういう変化はいつごろかというと、たとえば自宅での死亡から病院での死亡へという数の上での大きな転換点が昭和五一年（一九七六）でした。高度経済成長期の後半期です。昭和五〇年（一九七五）までは、自宅で看取り、最期を迎えるという例が多かったのですが、昭和五一年からは病院の方が多くなりました。たとえば、私の家の祖父は昭和四二年（一九六七）に八二歳で亡くなりましたが自宅でした。一方、父親は平成二年（一九九〇）に七七歳で亡くなりましたが病院でした。

最近ではまた、医療費負担の増加という問題があり、何とか自宅で看取る例もふやそうという方向へと政府、厚生労働省では考えているようです[43]。国民皆保険という制度ができたのも戦後の高度経済成長期に向かっていたころのことで、母子手帳とか、あるいは国民健康保険とか、そういうものが整備されたのもまだ最近のことであり、戦後の新しい国民健康保険法の制定が昭和三三年（一九五八）、母子保健法の制定が昭和四〇年（一九六五）のことです。それらは戦前からの政策を継承し発展させたものですが、日本のながい伝統ではありません。ですから、その制度とその機能とがまだ十分には私たちの社会や生活に根づいていないようなのです。もちろん、それらをしっかりと根づかせていくことがこれ

筆者の母方の曾祖母の葬儀（1951年）

からたいせつです。

土葬から火葬へ、近隣の相互扶助から葬儀社の参画へ、という変化は、表―①にみられるように、長野県松本市では昭和五三年（一九七八）が大きな転換期でした。福井県三方郡美浜町では昭和六〇年（一九八五）です。島根県能義郡広瀬町では昭和四四年（一九六九）に最初の火葬が行なわれますが、土葬と火葬が二〇年近く並行します。つまり、故人が生前に火葬は嫌だといっていた場合には土葬でした。それがほとんど病院死と火葬というかたちに変わるのに約二〇年かかっています。

このように、すぐに変わる地域と、なかなか変わらずに二〇年くらい時間がかかる地域とがあります。これらは、国立歴史民俗博物館で、一九六〇年代のお葬式と一九九〇年代のお葬式を、なるべく同じ家、もしくは同じ地区の近所同士のケースを調べてみた結果です。全国で六〇人の民俗学の関係者の皆さんに調査委員になっていただき、一つの県で一人もしくは二人委嘱して調査してみたものです[44]。香川県の例では、昭和四四年（一九六九）に大きな変化が見られました。

　これは一九九七、九八年の段階での調査ですので、もう今から約一〇年位前のデータです。湯灌《ゆかん》というのはもうほとんどなくなっていました。それに対して、枕飯とか魔除けの刃物などの習俗はまだ残っていました。このとき調査した計五八の事例というのは、いずれも調査委員の親戚とか家族の葬式の例でしたので、比較的古い行事を残している家の例でした。猫のタブー、猫を死体に近づけない、

	性別	死亡年月日	死亡時の年齢	死亡場所	土葬か火葬か	葬儀業者利用の有無
①	男	昭和26.8.1	1	自宅	土葬	自宅で葬儀
②	女	昭和27.7.11	23	自宅	土葬	自宅で葬儀
③	女	昭和30.5.30	87	自宅	土葬	自宅で葬儀
④	女	昭和46.8.17	80代	自宅	土葬	自宅で葬儀
⑤	女	昭和49.3.5	81	自宅	土葬	自宅で葬儀
⑥	男	昭和53.2.2	84	病院	土葬	自宅で葬儀
⑦	男	昭和53.6.2	1	自宅	土葬	自宅で葬儀
⑧	男	昭和53.7.30	57	病院	火葬	お寺で葬式をする　納棺の献立は農協へ注文し忌中払いは折り詰め
⑨	男	昭和54.7.4	80代	自宅	火葬	〃
⑩	男	昭和54.9.28	71	行院	火葬	〃
⑪	女	昭和56.2.17	84	自宅	火葬	〃
⑫	女	昭和59.12.19	75	病院	火葬	〃
⑬	男	昭和62.2.7	40代	病院	火葬	〃
⑭	女	昭和64.7.29	84	病院	火葬	〃
⑮	女	昭和63.5.12	94	自宅	火葬	〃
⑯	男	平成3.3.4	72	病院	火葬	〃
⑰	女	平成6.12.24	91	自宅	火葬	〃
⑱	女	平成8.9.5	62	病院	火葬	故人の意見で料理は全てセレモニーセンターへ依頼する

表—①　土葬から火葬へ（長野県松本市内の一地区の事例・福沢昭司氏調査）

近づけると死者が踊りだすなどといってそれをとても嫌うという俗信もよく残っていました。

三つの立場

ところで、葬儀に関わる人間、参加する人間とその役割分担という視点から考えてみますと、

A…家族や親族などの血縁的関係者、

B…隣近所や組や講中などの地縁的関係者、

C…檀家寺の住職など無縁的関係者、の三者に分けられます(45)。そして、Aは、身内に死者を出した人たちであり、死穢に満ちた死体に直接接触する仕事をします。湯灌などです。Bは、葬式の道具をつくったり台所の賄い方をしたりして葬儀の運営の実務的な仕事をします。Cは、宗教的な職能者であり、僧侶の読経とか引導渡し、神父や牧師の祈りなど特別な儀礼を行な

葬送儀礼の変化

事　例		変化なし	すでに変化	変化あり
事例1	青森県下北郡東通村	①②③④⑤⑨⑩		⑥⑦⑧
事例2	山形県東置賜郡高畠町	①②④⑨		③⑤⑥⑦⑧⑩
事例3	千葉県松戸市紙敷	①②③④⑧⑨		⑤⑥⑦⑩
事例4	福井県三方郡美浜町	①②③④⑥⑧⑩		⑤⑦⑨
事例5	兵庫県三木市口吉川町	①②③④⑦⑨⑩		⑤⑥⑧
事例6	島根県能義郡広瀬町	①②③④⑨⑩	⑥⑧	⑤⑦
事例7	香川県大川郡長尾町	①②③④⑨	⑤	⑥⑦⑧⑩
事例8	大分県東国東郡安岐町	①②③④⑩	⑤	⑥⑦⑧⑨

（注）　①魔よけの刃物、②枕飯、③枕団子、④死者の火、⑤湯罐、⑥死装束、⑦祭壇と遺影、⑧葬儀と土葬・火葬、⑨野帰りの清め、⑩四十九餅と笠の餅

います。このような三者の役割分担によって成り立っていたのが伝統的な葬儀でした。

しかし、そのA、B、Cの分担に変化が起こってきたのです。病院や葬儀社の関与です。もともとAの担当であった湯灌が省略されて病院での遺体の清拭《せいしき》で済ませたり、地域によっては湯灌を担当する葬儀業者が登場してきたりしています。北枕に寝せる遺体の取り扱いも葬儀業者が行なうなどという変化もみられます。Bの担当してきたほとんどの仕事は葬儀業者のサービスへと変わりました。Cの宗教的な儀礼はさすがに葬儀業者にはできません。しかし、葬儀業者というのはこの三者分類からいえば、Cの立場にあるものと言ってよいでしょう。宗教的な無縁的関係者というのが僧侶や神父とすれば、世俗的な無縁的関係者ということになります。最近では、この葬儀業者というCがAの役割の一部を、そしてまたBの役割の大部分を担うように変わってきているのです[46]。

三つの処理

一方、葬儀を構成するのは三つの処理だといったのが、フランスの社会学者ロベール・エルツ（一八八二―一九一五）です[47]。もう約一〇〇年も前の学説ですが、三つの処理とは、遺体の処理、霊魂の処理、社会関係の処理です。遺体の処理とは、文字通り土葬や火葬などで遺体を葬り送ることです。霊魂の処理とは、目に見えない霊魂を何らかの宗教的な儀礼により安定化させることです。社会関係の処理とは、家族関係や親族関係その他の社会関係においてその死者が欠落したことによって生じた社会的ネットワークの欠落部分、不完全部分を他者で補完しその社会関係のネットワークを再生させることです。

切断と接続

そのような三つの処理は死者に対する、切断と接続、のための処理です。死者はこの世に執着を残してはいけない、新しい死者の霊魂は活動的で荒ぶるかもしれない。しかし、供養や祭祀を重ねるうちに成仏して安定化したり、先祖の霊となって子孫を守る存在となると考えられてきました。そこで、葬送儀礼とは、死者をこの世の存在からいったん切断する儀礼である、そして、切断した上で、一定のコントロールのもとであらためて接続する、そういう儀礼であるというふうに考えられるのです。切断とは、具体的には引導渡しとか戒名をつけてあの世の存在とすることなどです。接続とは、お盆や年忌の供養、また墓参りなどです。死者に対する切断と接続、これが葬送儀礼の中核的部分なのです。

霊魂観と死穢観の変化

ところが、それが今大きく変わってきているのです。伝統的な葬儀というのは、遺体と死の穢れと死者の荒ぶる霊、そこには魔物たちも寄ってくる、ちょうど海で血を流して泳いでいるとサメが血の臭いをかいで寄ってきたりするように、死の穢れに引かれてやってくる魔物や魑《ち》魅《み》魍魎《もうりょう》がたくさんいるというふうに恐れられていました。

しかし、現代的な葬儀では、死者の遺体がそこにあるのであって、死の穢れとか魔物が依り憑くなどという感覚が非常に希薄になってきています。

この霊魂観と死穢観の変化については、先ほどもお話しました私の同僚の関沢まゆみさんが論文を書いています。一九六〇年代の葬儀と一九九〇年代の葬儀についての、全国五八地点の調査データをもとに、何がまだ伝えられており、何が失われまた新しく見られるようになってきているのか、そして、それは何を意味するのか、という点についての「葬送儀礼の変化―その意味するもの―」という論文です[48]。そこでは、葬儀の変化の第一は、葬儀に関与する前述のA、B、Cの三者の中で、Cにあたる新しい病院関係者と葬儀業者と公営火葬場関係者の関与の増加があげられています。それにより、死霊畏怖や死穢忌避の観念の希薄化が進んでいることが指摘されています。そして「死とは伝統的に肉体から

餓鬼草紙

の霊魂の遊離とみなされてきたのとは異なり、個人の生命の終焉とみなされるようになっている。つまり、死者は遺骸と死霊ではなくまさに死体と死者、すなわち霊魂から生命へという認識の変化が起こってきているといえる。そこでは、これまでのように注意深く死後の世界への旅立ちの儀礼を施さねば死者が祟る死霊となりかねないという恐ろしい存在から、個性をもつ親愛なる個人として記憶される存在へと変わってきているものと考えられる。」と結論づけられています。

6 墓と供養の時代差と地域差

時間をかけて段階的に変換していた生と死

さて、伝統的であった民俗も、葬儀など、現在このように大きく変化しています。そこで、民俗学では、むかしはどうだったのだろうか、明治時代、また江戸時代には、と調べてみます。するとこれまで伝えられてきた葬式や結婚式の特徴というのは、とにかくいっぺんでは終わらない、という点でした。

民俗という生活の中の伝承文化は、前近代から近代社会へと、時代が変わってもすぐには変化しません。伝承文化としての継続力があるからです。車は急には止まれないのです。

前近代社会で形成され伝承されていた葬送の民俗文化が、その時差を経て大きく変貌したのは、前述のように、戦後の一九六〇年代以降の高度経済成長期を経てからでした。それまでは、死というものは、そう簡単には認めない、というか、葬儀を行なったからといって、すぐに死者を完全な死者として認めたわけではありませんでした。生から死への変換には、時間がかかったのです。遺体を墓地に埋葬してもそれで終わりではなく、ハカガタメ（墓固め）などといって、翌日に喪家の者がもう一度、埋葬した場所を手直ししたり、ハカミマイ（墓見舞い）などといって、初七日までは毎日墓参をしたりしていました。

そして、ムイカガエリ（六日帰り）とか、ナノカガエリ（七日帰り）などといって、初七日を前に死者が帰ってくるといい、そのとき、死者に見立てた人形を村境に立てておいて、それを崖下に突き落とすような儀礼が伝えられていました。それは死者にもう帰ってくるな、という絶縁の意味をもつ儀礼です。そのような儀礼を伝えているところが、和歌山県や徳島県や高知県などにはありました。民俗学が専門の九州工業大学の近藤直也さんが、その習俗については早くから調査されています(49)。この世に執着を残さず、あの世に送ってしまうというような行事が、初七日のころにはたくさんみられます。

そして、四十九日が一つの大きな区切り目です。先ほども言いました四十九餅を搗いて死者との食い別れとします。それまで家の中で位牌を安置してお膳を供え続けた死者のための祭壇も、この日を限りに片付けます。ナマグサと呼ばれた魚類や肉類を避けて精進料理で通してきた忌中の食事も終わり、衣料も食料も通常の生活にもどる、忌み明けとなります。死者の霊魂はそれまで、喪家の屋根にとどまっていたのが、四十九日の餅を搗くその杵と臼の音を聞きながら、あの世へと旅立つのだ、などと言い伝えられています。

しかし、まだ初盆があります。初盆はふつうの先祖の霊を迎えるのとは異なり、まだ不安定な新仏のために特別にていねいな供養が行なわれます。そして、盆に新仏としてまつるのは一年目だけでなく三年目のお盆までだ、といっている例も多くみられます。

写真―⑬は、四十九日の間、亡くなったおばあさんの着物を喪家の裏側の日陰に干しているものです。埼玉県新座市の

写真―⑬　埼玉県

写真―⑭

例です。死者はのどが渇くからといって水をかけてあげるのだといっています。写真―⑭は埋葬墓地に掘られた墓穴の様子です。墓穴の中に魔物が入ってはいけないからと、棺を納める前には魔除けのための鎌を吊り下げておきます。これも埼玉県新座市の例です。埋葬して土を被せたらその上に、竹をぐるぐると巻いて円錐形になるようにしておきます。

埋葬墓地のさまざまな装置
―太陽除けのヤネと獣物除けのカキ―

日本各地の埋葬墓地を、私は昭和四十年代末に観察してまわりましたが、それこそ実に多様な墓上装置がみられたものです。

写真―⑮は若狭地方の埋葬墓地の例ですけれども、竹をぐるぐる巻きにしたその真ん中に鎌がぶら下げられています。魔除けのためです。

写真―⑮

写真―⑯は長野県の例ですが、鎌ではなく石がぶら下げられています。時間が経って縄が腐ってこの石がポトンと地面に落ちたら成仏するといいます。これは地元の民俗学者小林経廣さんが撮影されたものです。

写真—⑰は兵庫県の日本海側、但馬地方の例です。大きな屋根で埋葬地点を覆います、真ん中のは日数が経過して屋根がなくなったもので木墓標だけになっています。

写真—⑱は、今では同志社大学の田辺校舎ができていますが、そのあたりの京都府の農村の墓地の例です。両墓制といって、埋葬する墓地と石塔を建てる墓地と、その二種類の墓地がそれぞれ別々に設営される墓制の例です。昭和四八年（一九七三）に撮影したものです。埋葬墓地で目立つのは、個々の埋葬地点に立てられた先の尖った鋭い竹囲いです。平安時代の墓地の様子を描いた『栄花物語』などでは、釘貫《くぎぬき》と呼ばれている装置がこのたぐいのも

写真—⑯　長野県

写真—⑰　兵庫県

ののようです。一二世紀後半の『餓鬼草紙』という絵巻物にはそれらしきものが描かれていますから、このような埋葬墓地の装置というのは、近畿地方ではかなり歴史的な探度をもつ伝統的な流れを汲んでいるものと考えられます。

埋葬墓地のうちの個々の死者のための埋葬地点にしつらえられた墓上装置のさまざまに興味をもって、私は若いころに各地を歩いて写真に撮ったり、民俗調査報告書に掲載されている情報を全国各地から集めてみたことがあります。その成果は『生と死の民俗史』という、私にとって最初に出版していただいた本に書いておきました[50]。要点は以下の通りです。

写真―⑱　京都府

形態的には、ヤネ（屋根）とカキ（垣）という二つの要素が基本であり、そのいずれかのうち、一方が強調されているヤネ重視のタイプとカキ重視のタイプと、その両者をあわせている家型のようなタイプと、その三タイプがあることがわかってきました。そして、ヤネとは太陽の光が直接当たるのを防ぐ意味、カキとは野犬などの被害から防ぐ意味があるものと結論づけました。そして、それらの装置は永続的な死者の祭祀のための装置ではなく、死後の一定期間、死穢を発散する不安定な死者が忌み籠もるべき遮断のための装置であると位置づけました。[51] 古代の文献に出てくる殯《もがり》屋《や》・殯宮《もがりのみや》や、近年まで伊豆諸島などに残っていた喪屋などにも共通する装置で、それらの簡略化されたものであるといってよいと思います。

その墓上装置のうち、竹囲いの装置についてみると、円錐形にするものと垣根のように四角形に囲むもの、それから竹の端の両方を土中に差し立てて弓なりにしておき、野犬が触れると跳ね上がるようにしておくもの、という三者がみられますが、それらの呼び名にはイヌハジキなどという言い方があり、それは埋葬された遺体を野犬が掘り返して喰うのを防ぐためだなどといわれています。まさか、野犬が人間の遺体を喰うなんて、と思われるかもしれません。しかし、それはありえたことなのです。むかしの絵巻物に、『北野天神縁起絵巻』というのがありますが、鎌倉時代に描かれたもの、もしくは室町時代に下るという見解もありますが、そこには野犬やカラスが遺体を喰い散らかしている様子が描かれています。それにしても、やはり

写真―⑲　三重県

よほど古い時代のことであろうと思われるかもしれません。

いや、実はつい最近まで野犬に掘り返され喰われていたことをあらわす写真があります。写真—⑲がそれです。これはかつて平成二年(一九九〇)に三重県の志摩地方の墓地の調査で目撃し、撮影しておいたものです。墓穴を掘った野犬の足跡がはっきりと見えます。

盆棚と死者供養

伝統的には死者への供養の儀礼は長くつづき、お盆の行事もていねいにやりました。写真—⑳は高知県の例です。初盆にこうやって近所の人たちが集って新仏のための棚を庭先に作ってくれます。

写真—㉑は奈良県の大柳生というところの、初盆

写真—⑳　高知県

写真—㉑　奈良県

の新仏のための盆棚です。新しい仏のための棚という意味でアランタナと呼ばれています。このように新仏の霊はまだ家の中の座敷には入れてもらえないのです。先祖の仏さんたちの位牌は家の中の座敷の仏壇の前に飾られますが、新仏はまだ家の座敷へは入れてもらえないのが、初盆でのしきたりです。

写真—㉒は奈良市の水間というところの例ですけれども、家の外の箕の中に入れてあるのが、餓鬼仏、無縁仏のための供え物です。縁側の端に作られているのが新仏のための盆棚です。萱で囲われて穴があけられ、小さな梯子が作られています。その年に亡くなった新仏のこの家のおじいさんは建設業などを手広くやって何でも派手で豪華なことが好きだったので、お孫さんたちがこんなおおげさな盆棚にしてあげたのだそうです。

このように、外に餓鬼仏《がきぼとけ》、縁側に新仏《しんぼとけ》、座敷の仏壇の前に先祖、というふうに三種類の仏を区別してまつるというのが、近畿地方の特徴です[52]。

写真—㉒　奈良県

先ほども言いましたように、近畿地方の墓地では共有墓地で個々の遺体は空いたところを次々と掘り返しては埋めていきました。次々とリサイクル的に墓域が使われますので、個々の埋葬地点は保存されずとくに記憶もされません。そのかわり、家々では仏壇に死者一人ひとりの位牌がまつられて死者が記憶され供養されます。写真—㉓のようにお盆にはそれぞれの位牌に対して、麻殻《おがら》の箸をそえて牡丹餅《ぼたもち》が供えられます。そして、縁側には餓鬼仏、無縁仏のための供え物が用意されます。供物は蓮の葉のかわりに里芋の葉っぱに乗せています。死者はのどが乾くといって何度もお茶を入れ替えてあげます。子どもたちもこんな風景を見ながら育ち、死者と霊魂へのイメージを作っていくのです。

写真—㉓　奈良県

写真—㉔　東京都

写真—㉔は東京都の東久留米市の例で、盆棚の上に先祖がまつられ、キュウリとかナスの馬などが見えます。盆棚の下のほうには里芋の葉に乗せた供物がありますが、それが餓鬼仏のための供物です。

写真—㉕は徳島県の例です。川原に棚をつくって死者を供養するのです。これは昭和五〇年代に各地の盆行事の調査を進めていた小松理子さんが撮影された写真です。『民俗と歴史』という雑誌に掲載されたものです。

写真—㉖は静岡県の安倍川の上流の村の例ですが、このように盆の供物は、餓鬼仏に供えたものはもちろん、川に流すのがふつうです。最近では仏様に供えたものを下げて食べる例も中にはみられるようですが、基本的に盆の死者への供物はホカス、つまり棄てるのが基本でした。そして、それが、お盆の行事の特徴でした。

前述のように、神社での神様への供物は、神事のあとで直会《なおらい》といって下げて食べるのが基本です。寺院の法会でも供物は下げていただくのが基本です。しかし、お盆の死者への供物は、

写真—㉕　徳島県

写真—㉖　静岡県

川に流す、棄てる、ホカスのが基本です。「まつり」と「ほかい」のちがいです。これは同じく霊的な存在に対する上で、重要な相違です。聖なる神仏にたいしては「まつり」であり、不気味な死霊にたいしては「ほかい」なのです。

墓地と死穢の地域差

写真―㉗は墓地の写真なのですけれども、ふつうの日ではなく、八月一五日のお盆の日の墓地の写真です。近畿地方ではこのようなお盆なのに死者が埋葬されている墓地にはいっさいお参りしないという村が少なくありません。先ほどのように仏壇では位牌をていねいにまつっているのですが、死者が眠る墓地にはこの写真にみるように、墓参した気配すらみられません。実際に村の人に聞いても墓地などには決していかないといいます。

東京や大阪など大都市の墓地では、お盆には墓参の人たちで

写真―㉗ 奈良県

写真―㉘ 青森県

あとをたたないくらいなのに、このように盆の最中の八月一五日なのに、誰も寄りつかない墓地があるのです。

これは奈良県と三重県の県境あたりの村の例ですが、このような地帯が近畿地方では淡路島や若狭地方、伊賀地方とつながるように円環状、ドーナツ状にみられます。それは墓地には死穢が充満しているからだというのです。

とくに、村の氏神様の神社の世話をしている年寄りたちは墓地や死穢を非常にきらいます。死の穢れが自分の身にうつってしまうとお宮の祭りができなくなるというのです。

ところが、同じ八月一五日、お盆に、写真―㉘は青森県の例です。青森県や岩手県などでは死者の穢れなどぜんぜん厭うことなく、家族や親戚がみんな共同墓地に集まってきて、夏の一日こうやって缶ビールを飲んでごちそうを食べて先祖の供養をします。これは北上市の小田嶋恭二さんが送ってくれた写真です。同じ日本でも、東北地方とか九州地方、それに沖縄がそうですが、日本列島の東北と西南とでは、墓地は死者と一緒に飲食をする場所とされているのです。それらの地域でももちろん死の穢れの意識がないわけではありません。しかし、それを超えてお盆にはお墓で死者との交流をするのです。現代人がお盆にお墓参りをさかんにするのと同じです。それなのに、近畿地方の一定の村々では、墓地の死穢を非常に忌避しているのです。そのかわりに、家の仏壇では死者の霊魂を迎えてていねいにまつりごちそうをお供えしている、それが近畿地方の特徴です。いわば、遺体と霊魂とを明確に区別しているのです。近畿地方の場合には抽象化がすすんでいる、もしくは、死と死者というものに対するとらえ方が即物的でなく観念的だ、といっていいでしょう。

宮座祭祀と両墓制

それらの地域差は何に由来するのか。近畿地方の多くの村落に伝えられている両墓制と、もう一つ、宮座《みやざ》祭祀、その両者の関連性について注目したのが、先だってから何度か紹介している関沢まゆみさんです(53)。これは明言しておかなければなりません。最初に言いましたように、研究成果のプライオリティ、誰が先かという点からいえば、そうしなければ研究者の世界では盗用、剽窃《ひょうせつ》になる、つまり泥棒になってしまいますから。

近畿地方の村落に伝えられている極端なまでの死穢忌避、墓地忌避の背景には、神社祭祀と清浄性の維持、これがその解読の鍵、キーとなるのではないか、というのです。宮座《みやざ》というのは、村の老人たちが順番に氏神様《うじがみさま》を預ってまつる当屋《とうや》をつとめる方式ですが、それを伝えている村々では、とくに葬儀や墓地の死穢は非常に忌避されます。先ほども言いましたように、村の氏神様の神社の世話をしている年寄りたちは、死の穢れが自分の身にうつってしまうとお宮の祭りができなくなるというのです。奈良県下の大柳生という村などでは、葬儀や墓地の死穢をかぶってしまうと、春日大社の祭礼への奉仕もできなくなってしまうといっています。

そのような近畿地方の村落に歴史的に伝えられてきた神社祭祀の伝統が、どうやら葬儀や墓地を、死穢との接触として極端に忌避する伝統と対応しているものと考えられるのです。つまり、宮座祭祀と両墓制という民俗学にとってとても大事な問題が、実は近畿地方の歴史と民俗の大きな特徴として関連してとらえることができるのだということが、最近の民俗学の研究で明らかになってきているのです。

このような死穢を極端に忌避する伝統というのは、おそらくは歴史的に形成されたものであろうと考えられます。つまり京都を中心とした、平安京を中心とした天皇と貴族による政権、神聖なるまつりごとを中心とする政権とその歴史です(54)。その枢要《すうよう》なる神祇祭祀の伝統が死穢への接触を異常に避ける伝統へとつながっているのです。ですから、神祭りに携わる貴族たちは死や葬儀や墓地に関すること、死穢にはさわりたくない。そこで三昧《さんまい》聖《ひじり》などと呼ばれた人たちに墓地での作業を委託する。近世初頭に東大寺を中心として三昧聖の集団が整備されますが、その伝統は中世以来の長いものです(55)。奈良県下の郷墓《ごうばか》とか惣《そう》墓《ばか》と呼ばれる大規模な共同墓地ではその三昧聖の人たちが墓地の運営に当たりました。いわば神社祭祀と墓地運営の一種のワーク・シェアリングが行なわれたのだ、と私などは民俗学的に考えています。東北地方や九州地方には、京都のような天皇や貴族、またその権威と密着不離の関係にある大寺社の高僧というような人たちがいなかったのです。ですから、東北地方や九州地方ではまさに庶民感覚で墓地に平気で行くという伝統が伝えられてきたのだろうと思います。

墓石の変遷

墓地といえば、墓石・石塔ですが、ここで墓石の実態について、埼玉県新座市内のある墓地の例ですけれども重要な変化だけ紹介しておきましょう(56)。寛永《かんえい》年間（一六二四―四四）から建立が始まり、延宝《えんぽう》から元禄《げんろく》のころに一気に普及します。表―③にみるように、最初の寛永のころには五輪塔というような型式が多く、造立趣旨は菩提のためにであり、梵字《ぼんじ》の種子が刻まれ、一人の死者のための単記の墓石が主流でした。それが、元禄（一六八八―一七〇四）のころには仏像碑や板碑型の墓石が主流となり、夫婦二人で一基という連名の形が多くなってきます。

　それが、宝暦《ほうれき》（一七五一—六四）のころには型式が単純化して箱型とか櫛型とも呼ばれるかたちとなり、造立趣旨が菩提のためではなく、霊位と記されるようになっています。墓石が死者の霊が宿る霊位だという考え方への変化です。さらに天保（一八三〇—四四）のころには梵字の種子に代わって家紋が刻まれるようになりました。こうして仏教的な要素が時代を経るにつれて徐々に薄くなっていったのです。

　そして、日清戦争以後の明治三〇年代（一八九七—一九〇六）になると、一人ひとりの死者のための墓石ではなく家を単位とする「〇〇家先祖代々之墓」という型式が主流となりました。それは戦後の高度経済成長期まで続きました。しかしその後、現在ではさらに脱宗教と言われる時代になってきて、自由な型式の墓石がみられる

時期	型式	造立趣旨		
寛永期	五輪塔・宝篋印塔	菩提	種子	単記
元禄期	↓ 仏像碑・板碑型			↓ 二名連記
宝暦期	↓ 箱型（櫛型）	↓ 霊位		
天保期	↓ 角柱型		↓ 家紋	
明治30年代				↓ 先祖代々

表—③　石塔の型式と造立趣旨の主流の変遷

一石五輪塔（奈良県）

五輪塔（奈良県）

五篋印塔（京都府）

如意輪観音像墓塔（千葉県）

板碑型墓塔（埼玉県）

舟型光背五輪浮彫塔（奈良県）

角柱型墓塔（東京都）

櫛型墓塔（東京都）

無縫塔（埼玉県）

ようになってきているわけなのです。

家・墓・寺の三位一体のシステムの崩壊と葬儀社への依存

時代の変化ということでいいますと、現在の特徴は、農村部ではかつての「家・墓・寺」という三位一体のしくみがまだ維持されているでしょうが、都市部ではそれはほとんどしくみとしては存在しないということです。

伝統的であった農山漁村や町場の生活では、江戸時代以来の檀家制度が堅実に機能していました。家と村は一定の意味あいでいわゆる共同体としての存在でした。相互扶助の関係も世代を通じて維持してきていました。

あなたの家はどのお寺の檀家ですか、そのお寺は何宗ですか、と聞くと、私が今から約二〇年位前に、いくつかの大学で講義をしていたときに聞きますと、学生たちはまだ何割かは自分の家の檀家関係を知っていました。しかし、現在ではもうほとんどわかりません。私たちの世代までは、自分の家の檀家関係は知っています。

しかし、私たちの子どもの世代となると、そのあたりはたいへんあやふやになってきています。そのようにあやふやになってきている都市部の人たちに対して、農村部で旧来の家を守ってきている人たちの場合には、まだお寺との檀家の関係は守られてきています。つまり、都市部と農村部とでは大きな差異があるというのが現状です。

私は、それはある意味でしかたのないことだと思います。高度経済成長期に、大都会の誘惑に惑わされながらも、農村部にじっと止まったり、あるいはいったんは大都市に出てもUターンして帰ってきたりして、いま農村部で定住的な家屋敷と田畑と墓地とを守ってきている人たちの場合と、時代の流れに沿いながら大都市圏での企業社会の都市型人間としての人生を送ってきた人たちとの間には、一定の差異があるのは当然です。

農村部での人たちの間で、まだ「家・墓・寺」のしくみが維持されていることはうなづけます。しかし、問題はこれからです。企業社会、都市型社会というのは、何も大都市圏だけの生活スタイルではありません。どんなに田舎に行っても自給自足的な農業で生活できている家などはありません。自動車は絶対に必要であり、スーパーマーケットでの買い物は当然のこととなっています。パソコンは世界中のリアルタイムの生産と流通と消費の情報をどんな田舎の家にでも個人にでも瞬時に知らせてくれています。

そして、いまや、家とか村という血縁や地縁の時代ではなく、個人化した人間がそれぞれの企業社会のネットワークで生きていく時代になっています。かつて一九六〇年代に文化人類学の米山俊直さんが言われた言葉に、社縁というのがありました(57)。それに通じる新しい人間関係の社会です。そのような社会でパーソナルな個人というものがどうなっていくのか。プライバタイゼーションという英語を翻訳して私事化とか個人化といったりしていますが、プライベート化のプライバタイズということは、その分だけプライベートな価値観が多様になるということです。

葬儀も、「家・墓・寺」という三位一体のマニュアルが機能していた時代には、村社会の近隣集団が基本的に貧富の差なくやってくれて、個人や家の選択の余地はなかったのです。だから、家族や親族は葬儀に口も手も出してはいけなかったのです。近隣の人のお世話になるのだからそのマニュアルどおりにやるしかなかったわけです。そのぶん喪家にとってもでも遺族にとってもそのとおりに任せておけば、スムーズにすべてのことがはこぶたいへん安心できる葬儀マニュアルでした。

ところが今、企業型社会となって、その家と村の関係が薄れてきて、家族と親族の関係も核家族化の進展の中で薄れてきています。そんな中で葬儀もプライバタイズ、個人化という動きが出てきています。そうすると、その個人化した葬儀を誰に頼もうかということになります。そこに葬儀業者が登場しているわけです。その業者の多くもまだ、営業の歴史が浅いので、どうやればいいか葬儀のノウハウをよく知らないのです。しかし、商品化された業種ですから、業者もすぐに学習し、同時にサービスも充実させる、また、消費者もそれぞれのサービスへの選択眼、識別眼を必要とする状況となっているのです。

ただし、経験の積み重ねによる企業努力を重ねる業者と、何も知らない突発的な状況下で身内の死に直面する家族や親族、そのような消費者と業者との間には、商品選択の眼力には圧倒的な差があります。結局は、業者の提供するサービスの選択肢の中から、選ぶしかありません。たとえば、葬儀をする前に遺体を先に焼いてしまう直葬《ちょくそう》というのも増えてきています。また、かつては喪中にはナマグサといって魚や肉の料理は忌避されていましたが、業者のサービスが始まった一九八〇年代以降は、通夜の飲食にお寿司や揚げ物が出されるようになりました。あれよあれよという間に起こった変化で誰もそれを止められませんでした。

しかし、それらはあくまでも葬儀というセレモニーと遺体の処理をめぐるサービスであって、死者の霊魂をめぐる問題にはまったく関わっていないのです。ロベール・エルツが言った三つの処理、遺体の処理、霊魂の処理、社会関係の処理、そのうちの霊魂の処理については、リードできるのはやはり伝統的な宗教の叡智しかないと思います。

7 宗教と科学

前近代の知

そこで、私がここで強調したいのは、人間の死をめぐる宗教と科学の関係です。

江戸時代末期の学者、平田篤胤《あつたね》という人は霊魂の世界を一生懸命大まじめで研究しました。天狗にさらわれた江戸の下町に住む寅吉という少年であるとか、一たん死んだのだけれどもまた生まれ帰ってきたという多摩の農村に住む勝五郎という少年たちが語る、奇妙な体験談を、大真面目に聞くのです。聞取り情報を集めたのです(58)。しかもそこには、実証的な文献研究で著名な学者であった伴信友も参加していました。そういうふうに、前近代の幕末の日本の学者たちというのは、霊魂の世界も現実の世界も、幽世《かくりよ》も顕世《うつしよ》も区別なく研究と学問の対象にしていたのです。それはおそらく古代も同じで、弘法《こうぼう》大師も伝教《でんぎょう》大師もそうであったと、私はおそれ多くも想像するのです。

レリージョンとサイエンス、宗教と科学というふうに二つに分けて考える時代が近代なのです。葬儀での宗教の介在を否定して告別式という方式をとった最初は、前述のように中江兆民ですが、そのように宗教を全否定して科学こそが全肯定されていくかたちも現われました。科学万能、科学技術万能の時代の幕開けが近代だったのです。そして、その大衆化、一般化が現代です。特に高度経済成長期以降がそのような時代なのです。

そこで、私たちが考えなければいけないこととは何か。それは宗教と科学とを対立させる枠組みから一度抜け出す必要がある、つまり、前近代の枠組みをもう一度考え直す必要があるということです。物事の成り立ちについて前近代は、宗教も科学も、人間の知の活動としては同じ営み、一つの営みでした。一元論の立場です。

だいいち、宗教という言葉も明治になって作られた新しい翻訳語です(59)。江戸時代にはありませんでした。信心とか仏門、宗門、帰依などとはいいましたが、宗教という概念はありませんでした。明治憲法でも宗教の自由とはいわず信教の自由といっています。そして、神仏の信心という宗教的な営みと算術や建築や医療という科学技術的な営みとは、一応は区別する二分法で考えられていました。つまり、一元論だけれども二分法で物事を考えていた時代でした。

理論的にはたしかに曖昧《あいまい》でした。その曖昧さを近代は全否定します。宗教と科学をまったく対立する概念として区別したのです。近代はあらゆるものを対概念でとらえようとしました。野蛮と文明、迷信と科学、善と悪、悪事と正義、などなどです。

曖昧領域にも意味がある

たとえば、少し危ない話ですが、暴力団と呼ばれる集団がいます。その暴力団という言葉自体が戦後の昭和三〇年代以降に使われるようになった新しい言葉です[60]。それまでは、任侠《にんきょう》とか極道《ごくどう》とかいろいろな言い方がありました。しかし、これは悪い連中だということで、最近の国際化の中での治安対策として、警察は徹底的に排除しようとします。そうすると、どういうところに矛盾が出てくるかというと、より巧妙に隠れたところで悪事を働き、弱いものが犠牲になります。青少年たちや女性たちです。

しかし、前近代社会では、これは作り話に過ぎないでしょうが、どっちつかずの乱暴集団もいたわけです。清水の次郎長《じろちょう》とか国定忠治《くにさだちゅうじ》、また新門辰五郎《しんもんたつごろう》ではないですけれども、あるときは弱きを助け、あるときは権力に反抗し、町方では顔役としてトラブルを処理していたという話も伝えられています。

では彼らは善か悪かという二つに分けていくと、厳密に二つに分けると、つまり二元論で考えると、それは賭博を稼業とするなど、やはり違法な集団ということになるでしょう。また、たとえば芸能人の場合にもいろいろな人たちがいます。性のスキャンダルもそうだし、暴力もそうだし、貨幣もそう。性と暴力と貨幣というのは、最も文化を推進するエネルギー源だと言えます。そして、その周辺では善か悪かという二元論では解決できない領域が広がっています。

また、別の角度から考えてみます。たとえばホームレスがいる、あるいは乞食がいる、するとそれはいけないのだ、そこをどけと。そして、こちらの施設に入れてやると。でも入りたくない人たち、ドヤ街に住みたい人たちもいるわけなのです(61)。そういう人たちを近代や現代の二元論は、矯正すべき対象ととらえてしまいます。清潔とか衛生とか、欧米、特にイギリス、アメリカのピューリタリズム的な思考では、善と悪を、また清潔と不潔を対立させて考える、それが近代現代の社会なのです。少しぐらいいいじゃないかというのが許されない社会です。あいまいな部分が否定される社会なのです。そうするとどっちつかずのあいまいな行き場を失ったものがどこへ行くかというと、どんどん弱いところへ、悪いところへと行ってしまう。そういう関係です。

二元論の二分法へ

この近代現代の二元論の枠組みを考え直してみる必要があるのではないか。そのことをいま強調しているのは、『ケガレの人類学』[62]という論著で、インドのハリジャン社会の調査と鋭い分析を行なっている社会人類学者、日本女子大学の関根康正さんです[63]。

さきほども申しましたように、宗教と科学は実は同じく人間の生命というものを考える営みであり、必ずしも対立するものではない、ただ方法が異なるだけである、という考え方です。もともと一元論でそして二分法で考えるべきところを、二元論とまちがえてしまっているのではないか、二分法を二元論と誤解してしまったのが近代そして現代のまちがいではないか、ということです。

最近、アニミズム的な世界、いろいろなものに霊が宿る、というような考え方が流行ってきています。それは近代の科学技術万能の時代に対する反省、反動かもしれません。地球にやさしくとか環境にやさしく、とかいわれますが、あれは不遜きわまりない言い方です。地球や環境に多大な恩恵を蒙っていることへの感謝がすべてであったのが私たちの先祖の時代の考え方です。近代化、工業化した現代人が地球にやさしくなんて、おごりたかぶるのもいいかげんにしなさい、というべきでしょう。

むしろ、世界の生きとし生けるものに生命が宿ると考えるアニミズムの信仰に通じる、最近の流行というのは、科学や科学技術万能への反省へと通じているところがあるとみることができます。

最近のアニミズムの流行とか妖怪ブームや陰陽師《おんみょうじ》ブームや風水《ふうすい》ブーム、それにオカルトブーム、オウム真理教のような危ない新興宗教も含めて、そのような種類の動きというのは、これまで科学技術万能の二元論で読みかえてしまってきた近代や現代の行き過ぎに対する反発、また反措定が含まれているものとしてとらえることができるでしょう(64)。

死が学問の対象となったのは二〇世紀から

死という絶対的に不可思議な事柄を、学問が対象とするようになったのも新しいことです。絶対不可知の死というものを学問が研究する、それは、前述のフランスの社会学者のロベール・エルツ、今から約一〇〇年も前の人たちですが、彼らが問いはじめた問題でした(65)。それ以前は、学者は死など研究するものではありませんでした。なぜか、死を考えるのは宗教だけだったからです。論理的に、死を科学の対象として、学問が考えるなどということはあり得なかったのです。ギリシア哲学は、はじめから死をその研究対象から除外していました。医学も、ヒポクラテス以来、生命を研究するだけであって、決して死を研究することはありませんでした。お医者さんたちにとって、医療にとって、死とはただ敗北を意味していたのです。

いま医療の現場で

ところが、今お医者さんの世界でも変化が起こってきています。実は私が知っている人では、富山県の砺波市のお医者さんで、佐藤伸彦さんという方がいます。その佐藤さんは、現在の末期医療、ホスピスというのはあまりにも問題が多い、と。やっぱり一生懸命生きてきた人が最後の最期に、高齢者になってからどういうふうに充実した老後を送れるか、そして、安心して終末を迎えられるか、死というものを必ずしも敗北と考えない医学、医療、それがありうるのだというのです。

金銭的には儲かる医療ではありません。しかし、それを進めたいというお医者さんなのです。めずらしいお医者さんなのかもしれませんけれども。たくさんお金を稼ごうというお医者さんではなくて、人間にとって一番大事な、人生の終わりに役立つ医療を考えるという、そういうこころざしを佐藤さんはもっています。そういうお医者さんもいらっしゃるということ、それは医療の歴史からいっても近代と前近代とのちがい、二元論から二分法への回帰という面からもたいへん注目される動きです。その佐藤さんの奮闘されている現場からの貴重な本『家庭のような病院を―人生の最終章をあったかい空間で―』が最近、文藝春秋から刊行されています(66)。葬儀の場で、最期を看取った医師が死者の末期を語り、その安穏な送りの挨拶をするというような内容も含まれています。

病院内に葬儀場―韓国の最新事情―

病院と葬儀といえば、最近たいへん衝撃的な事実を知りました。友人の社会学者で東洋大学の井上治代さんから話としては聞いていたのですが、二〇〇七年一一月の韓国のソウル大学での研究会、そして二〇〇八年五月のソウル市の沖間研究所の研究会で、韓国では最近、病院内での葬儀が急速に普及してきているという事実を直接知らされたのです。日本では医師が葬儀に参列しただけで、住職さんたちがけげんな顔をされていたり、医師仲間からもやり過ぎだという意見もあったり、という現状なのに、韓国では病院で死亡したらすぐにその病院の中に作られている葬儀場で葬儀をしてしまう例が多くなってきている、というのです。

日本式に言えば、それこそ縁起でもない、といって嫌がられることです。それが韓国では最近急速に受容され普及してきているのです。

韓国でも伝統的には、自宅以外で亡くなることは「客死」といって、死者の霊魂が迷ってしまい安定して往生できない不吉なこととされてきました。それなのに、ここ十年くらいの間に急速に病院での死亡は受容され、しかもその病院で葬儀までしてしまうようになったというのです。それに何の抵抗感もないというのです。これにはほんとうに驚きました。

表④が最近のデータです。この研究発表をした金玉浪さんによると、病院での死を自宅以外の死である「客死」として忌み嫌うことをしない理由として、①都市部のマンションなど家で葬儀を行なうことができないような住居形態に変わったこと、②家族構成が変化して親族および村の人びとの助けが得られにくくなったこと、③家よりも病院の葬儀場の方が交通とサービスの面で便利

最近参列した葬儀場	1994年2月（1,239名）	2001年4月（1,377名）	2005年9月（1,377名）
病院の安置場	22.6	53.6	▲68.8
民間の葬儀場	—	5.6	▲20.6
家	72.2	34.6	▼ 6.9
聖　堂	2.4	2.3	1.8
教　会	1.4	2.4	1.5
お　寺	0.5	1.1	0.3
その他	0.9	0.1	—

表—④　韓国人の態度変化（金玉浪）　％
韓国ゲルアップ調査

だということ、④病院は最期まで最善の治療をしてくれるところだとしての信頼が深まり広がったこと、⑤政府当局が病院の霊安室を事実上の葬儀の場として利用していることを積極的に制止しないこと、という五つの要因をあげています。そして、韓国政府の統計庁が発表した二〇〇六年度の死亡統計によると、家庭での死亡が三〇・四%であるのに対して、病院など医療機関での死亡は六四・七%にのぼるということです。また、政府の統計ではなく民間の統計ですが、全体死亡者の六五%が病院で死亡して、全体葬礼の七五%が病院の葬儀場で行なわれているという数字も出ているというのです。そして、病院と現代医療に対する無条件的な信頼がこのような現象の一大要因をなしている、というのです[67]。

日本のような伝統的で拘束力のある寺と家との檀家制度というものが存在しなかったこと、これはかなりのちがいだと思えます。葬儀への関与が儒教的な礼法と非公式な民間巫者による呪術的な部分によっていたところへ、近代医学と遺体処理という現実的なシステムが導入されたわけです。そこには合理的な病院経営の浸透の前にいわゆる抵抗勢力というものが存在しなかったように観察されるのです。儒教的礼法とキリスト教会とムーダンやクツのような民間巫者たち、という三者の存在が、医療と葬儀を一体化させた病院経営戦略の前に、その力を発揮できなかったという事情があるように思えます。しかし、より詳しい情報収集と分析とはあらためて行なわなければならないと考えています。しかし、韓国でこのような驚くべき現象が起こってきていることだけは確かなのです。日本の葬儀の今後を考える上でも何かの参考になるのではないでしょうか。

8 民俗学の霊魂論

霊魂の語り

伝統的に日本のお葬式のときによく語られたのは、霊魂の話です。死者が夢枕に立ったとか、あるいは火の玉を見たとか、あるいは先ほどの宮田登さんの話題のときにお話ししたように、死者の霊がとりつくとか、そういう話がとても多かったのです。

四十九日まではあのおばあさん、まだ亡くなっていないので、あの家の側を歩いていたのを見たとか、言うような人がかつてはいました。岡山県の山間部の村で聞いた話もそうですが、村の中に一人か二人、死んだ人が見える人がいる、という話は各地でよく聞かれました。見える人がいて、四十九日の間は死者はまだこの世に残っていて、あの人がまだ歩いている、と。

私たちホモ・サピエンスというのは、約三万七〇〇〇年位前に死を発見したのではないかといいましたが、霊魂とかスピリチュアルなものに対するイメージをもっているというのがその特徴です。世界中に無神論者が無数にいることでしょうし、またそれは何人いてもいいのですが、どうしても霊魂的なものを考えてしまうというのが、ホモ・サピエンスの特徴なのです。ですから、そのような霊魂をめぐる語りは消えることはないのです。ただ、そのあらわれ方が、時代と社会や文化によって異なるということです。

かつては、お葬式がそのような人間の霊魂をめぐる語りがよく行なわれる場でした。むしろ、それをしないと、突然の死を人びとは納得できないのでした。村人たちの間では、そういえばあのときにコンコンと、扉を叩く音がしたのは、あれは知らせだったのだ、などということが語られるのでした。ある意味では死者の霊魂の話は、一種のヒーリング、心の癒しともなっていたのです。死者を送るときの心の癒しとして、霊魂にまつわる話、夢枕に立ったとか、ドアを叩いたとか、あるいは人魂が飛んだとか、それらの語りでもってその人の死を納得し受け容れることができたという意味が一つにはあったわけです。

かつて、戦争中や戦後によく語られた、戦死した夫が帰ってきた夢を、妻が見たなどという話もその典型であり、それらの語りによって認めたくない死も、心理的に受け容れることができたのです(68)。

幽霊話とその機能

妖怪話とか因縁話などというのが流行るというのは、死者へのイメージが豊かであった証拠です。そのような幽霊の話などが文芸的に発展したのは江戸時代後期以降のようです。江戸時代の後期から明治にかけてですけれども、「牡丹灯籠《ぼたんどうろう》」であるとか「真景累《しんけいかさね》ヶ淵《がふち》」とか「番町皿《ばんちょうさら》屋敷《やしき》」とか、あるいは「四谷怪談《よつやかいだん》」とか。「四谷怪談」が一番はっきりしていますけれども、幽霊の話がとっても当時の社会ではウケたのです[69]。

その幽霊というのは、だいたい若い男女の恋愛のもつれとか、あるいは非道な仕打ちを受けた女性だとか、彼女たちは黙っていませんよ、という話なのです。たとえば、最近、野口某という人。ライブドア事件のとき、那覇市のカプセルホテルで奇妙な死に方をしました。あれは沖縄県警がさっそく自殺だと断定していますけれども、どうでしょうか。とにかくああいう死に方、殺され方をしたときに、現代社会では、週刊誌というのが機能します。あることないことをとりまぜてはいろいろな情報を伝えて、世間の熱を一方ではあおりながら、確実に冷めさせていきます。

しかし、かつて、そのような情報媒体がなかった社会でも、さまざまなかたちで噂や評判が流れました。かわいそうにあのひどい仕打ちを受けたお菊は、今もお皿が一枚、二枚と数えながら出てくるぞとか、極悪人の民谷伊右衛門には天罰が下るとか、いろいろな形で世間の噂話の俎上《そじょう》に乗せて、みんなで非道の者を告発し、死者への同情や死者をめぐる癒しともしていたのです。

ですから、それは一種の霊魂の社会化であり、さらには商品化であると言っていいと思います。そのように霊魂の語りというものが商品化されたのが江戸時代の後半期で、それが演劇、絵画、とくに三遊亭円朝（一八三九—一九〇〇）の人情噺、怪談噺などのかたちをとって、幕末から明治にかけて大ヒットした幽霊話なのです。

それがまた、最近、この平成の時代、二一世紀初頭の日本でたいへん流行っているというのです。少年少女たちのあいだで静かに深く流行っているのです。こわいけれども不思議な幽霊を見てみたい、という子どもたちが増えています。なぜ流行るかということを考えてみますと、今、霊魂をめぐる話に若者たちが飢えているからだと考えられます。なぜか、それは現実の人間の死の現場、祖父母などの具体的な葬儀の場で、そのような霊魂をめぐる話が話される機会が失われているからだと思います。

人間の生と死の不思議、肉体と霊魂をめぐる不可思議、それらについて考える、語る、そうしたいホモ・サピエンスの心の中のマグマが、ちょうど火山の下に貯まったマグマのように山腹のどこから出ようか、どこから出ようか、とその勢いを臨界点《りんかいてん》にまで高めているからだと思います。

かつての村社会ではおばあちゃんが死んで、おじいちゃんが死んで、というときには、そのときどきにその死にゆく人をめぐる霊魂の話がそこここで聞かれました。事故死の場合などはとくにそうでした。高知県など四国地方の海岸部では、水死人は七人ミサキになるといいました。七人ミサキは仲間を七人取らなければ成仏できない、死者を七人連れて行くまで死者を呼ぶといって恐れられました。

そういう話が各地の村社会で、あるいは町場の社会で、累ヶ淵《かさねがふち》のお助だとか皿屋敷《さらやしき》のお菊だとかいうような幽霊話が、いろいろな形で、霊魂のマグマ、霊魂を語りたいホモ・サピエンスの心のマグマを、それなりに落ちつかせていたわけです。

それが今、都市化社会の現在、江戸時代後半にすでに流行ってきていたような幽霊の話とか妖怪百物語とか、陰陽師の話とか、それらの商品化現象が、情報化社会を反映して、ふたたび全国規模で起こってきているのです。

人びとの霊魂観を歴史的にとらえてみると、江戸時代後半の幽霊話には、一つは霊魂が商品化されて、みんなの霊魂話を求める心を満たしてくれる、あるいは不安を癒してくれ

葛飾北斎『百物語・さらやしき』（東京国立博物館蔵）

る、と同時に、もう一つは、犯罪に対する告発、倫理に対する警告の意味ももっていたと思います。ひどい仕打ちをうけて怨みをもったまま死んだ人は、化けて出てくるぞ、と語ることによって、子供たちがその話を聞くことによって、非道な人殺しをしてはいけない、あるいは女の人をひどい目にあわせてはいけない、自分の出世や金銭の欲望のために人を犠牲にしてはいけない、ということを教えてもいたのです。

たとえば、東海道四谷怪談は、お岩さんの話が中心になって、夏場のこわい話の代表としていまでは流布していますが、近世の歌舞伎の上演では、四谷怪談は夏ではなく冬の十二月の演し物《だしもの》でした。それは十二月の仮名手本忠臣蔵と一緒に演じられた演目でした。武士の理想が大石内蔵之助とすれば、その真逆の最低の男、それが民谷伊右ヱ門だったのです。そのコントラストがウケていたのです。

つまり、幽霊話はある意味では学校教育のない時代の道徳教育、倫理教育であった可能性が高い、というふうに私は民俗学の分析視点の一つとして考えています。

そういう時代からしますと、最近の流行について、たとえばいつごろから流行ってきたのか、楳図かずおの漫画とか、水木しげるの描く妖怪たちであるとか、あるいはその後の陰陽師や風水のブームであるとか、テレビがさかんに霊能者だといわれる人たちを出演させる。そのような状況になってきているその背景には、一方では葬儀というものを場とする霊魂話が失われてしまった世相の変化も関係しているように思います。

ほんとうは恐ろしいはずの死のリアリティ、死の現実感が、体験されていないのです。共感されていないのです。かつての恐山のイタコの口寄せには、そのリアリティーがありました。それが今では死者の身体は病院できれいに処理され、葬儀社は祭壇にほほ笑む遺影を飾ります。葬儀に参列する人のほとんどは、おぞましい死者の死臭もかぎませんし、冷たくなった死に顔を見ることもありません。科学万能の現代社会にあっては、人魂《ひとだま》の話など葬祭場では誰もしません。前述のように、死霊や死穢の感覚が希薄化してきているのです。そのような死と葬儀というものと霊魂話とが分離している社会で、霊魂マグマだけはいろいろなところで出てきてしまっている、そしてそれが子どもたちの間で出てきている。それがさらには商品化されている、というのが現状だと私は考えています。

霊魂論から人間存在論へ

そこで民俗学が、人の生とか死とか霊魂にかかわるものを研究するときにはどのようにするのがよいのだろうか、ということを考えてみます。今の商品化された妖怪話や幽霊話はやはり精神文化論の上からみれば非常にレベル的には低い、それを語って子ども心に遊べばいい程度のものです。しかしもう一つ、霊魂というものは、生命の尊厳というものとしても考える必要がある。妖怪話や幽霊話は語りや絵画の商品として楽しむべきもの、商品としておいておけばいいと思います。

しかし、もう一つ、ホモ・サピエンスというのは哲学というジャンルを生んだ種でもあるわけです。崇高なる生命、崇高なる霊魂、これを語る場が必要であろうと思います。しかし、それが今はあまりない。なぜかというと、それは宗教の領域であろうということで、学問なり科学がそれを別のものと考える時代になっているからです。それが先ほども言いました近代という時代です。

科学と宗教とは、実は一元論のうちでの二分法のはずなのですけれども、それを二元論で考えてしまっている、それを本来の一元論という原点に戻せばいいのです。一元論における二分法へと立ち帰って考えればいいと思うのです。

娯楽的なレベルの霊魂話は商品としておいておけばいいのでありまして、より崇高なる生命の価値であるとか、生命の意義であるとか、人間存在の意義を考える哲学へと昇華《しょうか》させる、科学と宗教とを分けない考え方、科学と宗教の二分法一元論で、ものを考えることが大切なのではないかと思うのです。

もし柳田國男という人がいなかったら、民俗学を職業とできたこの感謝すべき私の恵まれた一生はなかったでしょう。シェークスピアがいなかったらほとんどの英文学の先生は失業するだろうと冗談半分で私の英語の先生はかつて言っていました。たった六〇年あまりしか生きられなかった人でも、八〇年以上を生きた人でも、その後の歴史でおおぜいの人びとに、偉大な恩恵を与えている人たちがおられます。もちろんその存在さえ忘れられた無数の人びと、もちろんその方が圧倒的に多いのですが。しかし、何人かは偉大な影響と恩恵をその後の人間社会に与え続ける人物も、この地球上にはその歴史の上で現われました。

たしか、マハトマ・ガンジーが亡くなったとき、シュバイツアーでしたでしょうか、この小さな青い星にあんな巨大な人がいたことをだれが信じるだろうか、と言ったといいます。オカルトブームだとか、陰陽師だとか、妖怪などがブームになっていることを民俗学は決して否定しません。しかし、霊魂とか、スピリチュアリティとか、身体と霊魂、などの問題も、私たちの眼前により大きな問題として存在しています。崇高なる人間存在を霊魂的存在と考える視点も民俗学には必要だと考えています。

そこで、私はこの数年をかけて、日本の歴史と文化について考える上で、人間の生死と日本の神仏という問題が非常に重要なテーマだと考えて共同研究を試みてきました。その成果は論文集の「生老死と儀礼に関する通史的研究[70]」と、「神仏信仰に関する通史的研究[71]」として刊行されていますので、関心があればぜひ読んでみてください。

そのうちとくに日本の神社とは何か、という問題については特別企画による展示（代表―新谷尚紀・副代表―関沢まゆみ）を試みました。多くの専門研究者の方々の参加を得てその研究成果の一部の公開を、二〇〇六年三月から五月に二ヶ月半という限定付きで、研究展示というかたちで実現できたのですが、それは、伊勢神宮と出雲《いずも》大社と厳島《いつくしま》神社と祇《ぎ》園《おん》八坂《やさか》神社の四つの神社にお願いしまして、ご協力をいただいた賜物《たまもの》でした。展示は一時的なもので終ってしまいますので、図録の『日本の神々と祭り　神社とは何か?』の編集内容の充実につとめました。そのおかげもあってか、開催期間中に増刷してもすぐに売り切れてしまうほど、好評を得ることができました。そして、いまではもう絶版となってしまい夢か幻かというような図録となっています。

もう私は、一生悪いことはできないことになってしまいました。この日本を代表する四

出雲大社

八坂神社

つの由緒ある古い神社の神様と、そこにご奉仕されている皆様方に何といってお礼を申し上げたらよいやら、言葉もありません。これから一生かけて御礼と感謝の思いで生きていかねばならないと考えております。いったい、どこのだれが、いきなり伊勢神宮へ行って「御神宝」をお貸しくださいといって許可されるでしょう、厳島神社へ行って「平家納経《へいけのうきょう》」をお貸しくださいといって許可されるでしょうか、いま思えば思うほど、奇跡としかいいようのない研究展示が、東京の都心から遠く離れた佐倉市の国立歴史民俗博物館で二ヶ月半だけ実現したのでした。多くの方々のご理解とご協力とがあったおかげです。また、もったいないご神慮のおかげと思っております。

さて、神社とは何かという問いかけでしたが、たとえばすぐに質問されるのは、厳島神社は神社なのに、なぜ「平家納経」というお経が、社宝として伝えられているのですか、ということでした。ひとつの答えは、日本では古代以来、明治初年の神仏分離までは長い間、神仏習合《しんぶつしゅうごう》だったから、という答えです。平清盛《たいらのきよもり》は法華経の功徳《くどく》によって源平争乱のあのおびただしい戦死者たちの霊魂を慰め、彼らの菩提を弔い、同時に平家一門の来世での安穏を祈願したのでした。神社も仏教も、ともに現世と他界の人間たちの霊魂の救いと安穏の祈願を、ひとつの目的とするものであり、日本文化の中でその点では両者ともに共通するものだったからだとお答えしました。

厳島神社の再建は北条泰時

厳島神社といえば、平清盛の造営とばかり考えていますが、仁安三年（一一六八）年に建てられたその絢爛豪華《けんらんごうか》な社殿は、その後、建永二年（一二〇七）と貞応二年（一二二三）の二度にわたり大火で焼亡してしまいます。そのほとんどすべてが灰燼《かいじん》に帰したのです。豪華絢爛たる建造物でも、火災で消失して二度と復興できなかったケースは藤原道長の法成寺や織田信長の安土城、徳川家光の江戸城本丸などたくさんあります。莫大な費用がそれ以後の後継者には無理だったのです。それに対して、厳島神社は立派に復興されるのです。現在伝えられている社殿は仁治二年（一二四一）の再建によるものです。それは、神社に奉納されている三鱗紋《みつうろこもん》の兵庫鎖《ひょうごぐさり》の太刀などを手がかりにして、実は北条泰時によるものだ、というのが私たちの結論でした。それは、建築史の研究者で広島大学大学院の三浦正幸さんと、有職故実の研究者で神奈川大学の近藤好和さんたちとの共同研究と展示の実践の中から得られた結論でした。

板東八平氏の流れをくむ自覚のもとに「武蔵守平朝臣」を名乗った北条泰時は、承久の

厳島神社

乱の死者たちの菩提をとむらうとともに、最初の武門の棟梁である平清盛へのあつい思いをもとに幕府の覇権確立の記念建造物、いわばメモリアルタワーとして、厳島神社の再建に全力をそそいだものと推定されます。その後、室町幕府の覇権を確立した足利義満も、祖父尊氏の信仰を代弁して当時の建築技術の粋を集めた五重塔を建立しています。あの岩場の上に建てられた美しい五重塔は、どんなにひどい台風や暴風雨でも決して倒壊しないように設計されているようです。

なお、この北条泰時再建説は、まだ仮説の段階ですが、資料や史料を収集して実証していくことは十分に可能であろうと思っています。実物資料に直接ふれる研究展示ならではの成果ではないか、と語り合ったものでした。

伊勢神宮と世界遺産

また、日本の神社には、国宝級や重要文化財級の甲冑《かっちゅう》や刀剣など、たくさんの武器や武具の類が奉納されて伝来しています。厳島神社には平清盛が自ら着用した可能性のある甲冑も保存されています。でもなぜ日本の神社には武器や武具などの奉納品が多いのでしょうか。キリスト教の聖堂や教会、またイスラム教のモスクなど、外国の宗教施設にはあまりそのような例はありません。なぜ日本の神社には武器や武具などの奉納物が多いのか。この小さな疑問も重要でした。

その答え、私の民俗学的な答えは、こうです。伊勢神宮の天照大神《あまてらすおおみかみ》という神様の特徴は、人間的なイメージです。日本の神様というのは人間的な存在なのです。ですから、毎日新鮮で美味しい食物を供える必要があります。そして、神聖な衣服や武具や楽器や調度類なども必要と考えられたのです。これは、「神宝」の研究を進めている前述の近藤好和さんとの研究交流の中から出てきた推論です。

伊勢神宮の内宮は天照大神を祭る社殿ですが、外宮は豊受大神を祭る社殿です。その外宮の豊受大神とは内宮の天照大神のための御神饌をつかさどる神様です。つまり、日本の根本的で中心的な神社である伊勢神宮の神様である天照大神は、毎日新鮮で清浄で美味な食物を供えられる神様なのです。そして、必ず二〇年ごとにその社殿は新築されます。式《しき》年遷宮《ねんせんぐう》の伝統です。それは七世紀末の持統《じとう》天皇の時代から連綿と伝えられているといわれているものです。ただ、戦国時代にいったん断絶しますが、江戸時代初期に復興されました。その伝統的な二〇年ごとの新築、遷宮というのが、伊勢神宮の特徴なのです。

しかし、最近の世界遺産の視点からすれば、この伊勢神宮はそれほどに古い歴史と由緒を伝えていようとも、世界遺産には選定されません。なぜなら、欧米発のユネスコの世界遺産の発想というのは、石の文化だからです。耐久性のある石造の建造物、そして修復をくりかえしている建造物がその対象だからです。ピラミッドとかスフィンクスとか、万里の長城とか、そういった頑丈で保存がきく遺跡や遺物としての建造物がその主たる対象なのです。

そうした観点からすれば、二〇年ごとに新たに造り替える木造建築は、欧米的な価値感覚からすれば世界遺産になんかならないのです。ですけれども、この伊勢神宮のような日本の伝統文化の中では、何が残るかというと、建造の技術が残り伝えられるのです。欧米の建造物のような石材や建造物それ自体は残りませんが、伊勢神宮のように遷宮される社殿の場合、素材としての木材は残りませんが、そうではなくて、その建造技術は残ります。伝承されます。

技術者もたとえば、二〇歳代とか三〇歳代で一度建造に奉仕したら、その二〇年後には四〇歳代とか五〇歳代で再び奉仕できます。そして、さらに六〇歳代とか七〇歳代でまた奉仕できます。これはたいへんなことです。一度しかない人生で三度も奉仕できるのですから。

先人たちから伝承されてきた技術の習得だけでなく、精神的な奉仕の心の深まりもあるにちがいありません。素材や物自体は残らないけれども技と心は伝えられる、こういう伝承の仕方もあるわけです。

そうしてみますと、日本の神社とお寺というのが、仏教という極めて抽象度の高い宗教と、それから神様、ご神霊というものを日本的に人間のように生けるがごとくに調度品や武具類やとにかく日常的な人間生活に類似した奉納物を納めている祭り方と、この二つがまさにうまいぐあいに合体して祭られているといっていいと思うのです[72]。

調和と文化

お寺と仏教というのも、神社のように、日本の風土に合体している傾向があります。たとえば天台座主《てんだいざす》の慈円《じえん》の歌など、たいへんアニミズム的です。八百万《やおよろず》の神々の考え方にも通じています。私の友人で、フランス国立高等研究院教授のジャン＝ノエル・ロベールさんも指摘しているように、日本の仏教には、「山川草木悉皆成仏《さんせんそうもくしつかいじょうぶつ》」という思想があります。人間だけでなく山も川も草も木もみな仏性《ぶっしょう》を宿している存在でありみな成仏する、という解釈です[73]。これは古代インドの仏教とは異なる思想でしょう。西域の仏教とも、中国や朝鮮の仏教とも異なる解釈でしょう。しかし、それが日本では大勢を占める解釈となって伝えられています。ジャン＝ノエル・ロベールさんは仏教思想や仏教文学の研究者で、法華経をフランス語に翻訳されたりしておられますが、今年から国際的にもたいへん栄誉あるフランス・アカデミーの会員に選ばれました。

京都の祇園社、八坂神社は、まさに神仏習合の典型であり、歴史的に国際的な都市、平安京を象徴する代表的な神社です。平安京の時代から貴族や武士や庶民たちの信仰を集めて、ずっと今日まで伝えられている神社です。その境内に参拝すると、時間と空間を超えるような独特な感覚が得られます。京都の町は、キリスト教文化の人たちもイスラム教文化の人たちも、その他、中国や韓国の人たちも大勢訪れてきていますが、神社の文化と仏教の文化と、合体している日本の調和の文化としてもっと説明され、紹介された方がいいのではないか、と思っています。

死をめぐる教育

さて、今日の私の長いお話もそろそろ終わりにしなければなりません。そこで申し上げたいのは、死をめぐる研究や教育の問題です。英語ではよくデス・エデュケーションといわれていますが、死を学ぶということは、生を学ぶということです。死を学ばなければ生きていることを学べないと思うのです。

死を発見して、驚愕《きょうがく》し恐怖した、最初のホモ・サピエンスの時点に立ち戻って、それを想像して自らの人生を考えることが大切です。しかし、それは現在の学校教育では教えられていません。人生で大切なことなのに、学校で教えられないことが、三つあります。

それは、お金の扱い方、性愛をめぐる作法、喧嘩と暴力のかげん、です。この人間生活にとってもっとも大切な貨幣、性、暴力というもの[74]については、学校教育では教えないのです。教えられないのです。もちろん現在の学校では、奇妙な現実離れした性教育は行なわれています。しかし、あれではだめです。

将来をになう子どもたちには、いつの時代にも現実社会に見合ったしつけがたいせつです。それは、先生や親ではなく、先輩たちがあいまいな知識ながらも経験的にひそやかに教え伝えるべきものです。そしてもう一つ、子どものうちから教えなくてはいけないことは、生きるということと死ぬということです。これも学校の教育では教えられていません。暴力もただ否定するだけで、その意味を掘り起こして教えていません。

暴力も教えない、性も教えない。お金も教えない。それから、死も教えない。これはたいへん危ない、この四つを教える場がぜひとも必要です。しかし、それは一方的に教えることがらではなく、これまでの先輩たちの成功や失敗の話の中から、それを聞きながら各自が学び取っていくたぐいの知識でもあります。ですから、そのような情報を得たり考えたりする場や時間が必要なのです。その場が全国各地のお寺という「場」ではないかと私は思うのです。

記憶の時代へ

さて、最初に言いましたように、死者と葬送に関する日本史には、「畏怖と祭祀」の時代、「忌避と抽出」の時代、「供養と記念」の時代、という三つの転換があったのですが、現代社会がその供養と記念の時代へとなっているということからすると、現代のようなメモリアライズ（記憶化）とプライバタイズ（個人化）の時代には、移動型のポータブルな装置、たとえば納骨ペンダントのようなものが流行るのではないかと考えられます。そして、それはもう一部では手元供養などといって現実化しています。

しかし、先ほど紹介しました宮田登という民俗学者の場合、一人娘のお嬢さんは結婚してお嫁にいかれて、跡取りの息子さんはいません。けれども、奥さんは宮田家の墓として奥さんと宮田さんの二人だけの墓地と墓石を今、川崎市の春秋苑という墓地に建てておられます。どうもあらゆるものが私事化、個人化という世相の中でも、子供への延長線でなくても、宮田さんともなると、やっぱり奥さんのように彼と自分の二人の記念の墓石を建てておきたい、つまり、あの世での二人の家を建てておきたいというかたちが結構あるようです。

その春秋苑というのは、実は柳田國男と同じ墓地なのですけれども。柳田國男は古くからの高い区画、宮田さんは新しい下のほうの区画ですけれども（笑）。宮田さんの奥さんがお墓をどこに建てようかと思っていたところへ、たまたま私がそのときお宅に電話して話したことも何かの縁があったのかもしれません。そのとき、奥さんが言われるには、宮田さんは若いころから富士講や富士信仰の研究をしていたりして、富士山が好きだったから、富士山の近くの墓地へと思っておられました。

しかし、私が電話でお話したのは、富士山の近くは遠いし、お盆やお彼岸のお墓参りのシーズンには自動車も渋滞するので止められたほうがいい、と。電車で行けるところにしたほうがいいといって、やや費用は高いけど川崎市の春秋苑をすすめました。奥さんの方でもすでにそこは有力な候補の一つであったということで、では、そこは柳田國男のお墓もあることだし、そこにしたほうがいいですね、といったら、本当にそこになさいました。よかったと思います。

実は、柳田國男も養子に入った柳田家の浄土宗の寺、台東区谷中の墓地や江東区三好の円通寺の墓地ではなく、生前にその春秋苑に自分の墓地を決めていたのです。それは奇しくも富士信仰のことを研究して富士山が好きだったという宮田さんと同じく、その川崎市の丘の上からよく富士山が見えるからだということでした(75)。

その柳田國男にゆかりもあり、民俗学の講座の充実している成城大学からも近いし、その大学院の新入生などに、柳田國男、宮田登の墓参りコースというのをつくったらいいのではないか、などと冗談めかして、最近も非常勤講師の講義のあいまなどに言っています。宮田さんも柳田國男とともに、永遠に人びとの記憶に残ることができればと思います。それこそが死者を見守ることになるのだと思います。

これからの死者をめぐる一般的な動きとして考えられるのは、

故人の記憶と記念ということだと思います。文章をつづった本だとか、アルバム写真とかフィルムやビデオテープやＤＶＤの映像など、あなたの人生はこのようでしたねっていう記念品のたぐいです。欧米では自叙伝の伝統がありますけれども、それに近いものが日本の現代社会ではつくられていくだろうと思います。日本での伝統には、辞世《じせい》の句や歌というのがありました。

「願はくば花の下にて春死なむ　その如月《きさらぎ》の望月《もちづき》のころ」、これは有名な西行《さいぎょう》（一一一八―九〇）の歌です。

「老いてまだ待つべきことの有り顔に　ほほえむ翁　あはれ八十七」、これは最後の最期まで学問の道を究めんとした柳田國男（一八七五―一九六二）がその死の前年に、もとめられるままに自分の写真の裏に書いた即興の歌です(76)。歌心のある人はこのような晩年の句や歌、また辞世の句や歌を詠んでおくこともたいへん意義あるよいことだと思います。それも記憶や記念の資源の一つですから。

「千の風」ブーム―葬送三転の歴史から新たな四転へ向かう兆し―

そこで、最近の変化の気配についてですが、二〇〇六年の大晦日のＮＨＫ紅白歌合戦で歌われた「千の風になって」という歌が、二〇〇七年には中高年のあいだで大ヒットしました。二〇〇八年にいたってもまだ静かなブームを呼んでいるようです。しかし、仏教関係者の多くの方は、それには強い違和感を示しておられます。仏教は、輪廻の苦しみを脱して人びとを解脱と悟りとへ導く教えです。「私は死んでなんかいない、墓になんかいない」というのは、仏教の教えとはまったく相反《あいはん》する考え方です。

伝統的な葬儀をめぐる民俗の考え方でもそうです。死亡してすぐの死者の遺体や霊魂は、まだこの世に執着を残している不安定なそして危険なものであり、魔除けの刃物やていねいな引導わたしや念仏供養が必要な存在だと考えられてきました。そのためにこそ葬儀では人びとはこれまで多くの神経を使ってきたのでした。

「千の風」の歌は、このような仏教の教えとも、伝統社会の民俗の霊魂観とも大きく乖《かい》離《り》しています。それなのになぜ流行るのか。その点について、民俗学の立場からは次のように考えられます。前述のような、日本歴史における葬送の三転の中で、近世以降、近代現代に至っても「供養と記念」の時代であるとお話してきました。しかし、どうやらそれが、戦後の一九六〇年代以降の高度経済成長によってもたらされた新しい時代、現在は、「供養」の部分が減少し、死穢の感覚も減退して、「記憶と交流」というもう一つの新しい段階へと入ってきているのではないか、と考えられるのです。

死者は、かつてのようにあの世で寒さにふるえ飢餓に苦しみ衣食を求めるような存在ではなく、したがって衣食の資養、供養の必要はないものと考えられてきているようなのです。死後の人びとは、この世と同じ快適な衣食住を得られる存在であり、衣食の資材の供養ではなく、生活の快適さと相手のいないさみしさとをたがいに分かち合えるヴァーチャルながらもパートナーシップ、フレンドシップを共有しあえる関係者どうし、という関係になってきているようなのです。

もちろん、事実は不明です、死は絶対の不可思議ですから、死者がどのような状態になっているのか、それは誰にもわかりません。

しかし、人びとの考え方が、死者への供養よりも、彼や彼女を失った喪失感にとまどい悩む自分の気持ちの安定を求めるグリーフ・ケアが中心となってきているのです。それは、未知で不安なあの世へと旅立つ死者たちの苦しみや不安や迷いを想像し、それに共感してその冥福を祈るという、かつて伝統的であった考え方ではなく、悲嘆の中にいる自分が癒されたいという個人化社会を反映する考え方のようです。死をめぐる「他者愛から自己愛へ」という変化といってよいかもしれません。

高度経済成長期以降の日本に実現した、衣食住の豊かさと、情報化、高速化の充実は、死後の世界への想像力の上でも、現実世界を反映して自己中心的な傾向が強まってきているようです。

それぞれの時代の現実社会のあり方の反映が他界観である、というのが、今日の葬儀の歴史のお話の中心的なテーマでもあるのですが、どうやらそれには変わりないようです。つまり、良いか悪いかは別として、現代社会を反映して、「供養」から「記憶」へという重点の置き方の変化が、いま死と葬送の日本文化史の中に起こってきていることは確実なようなのです。「千の風」ブームはまさにそれを物語っているといってよいでしょう。

死への準備

「核家族　行き着く先は　独居老人　要介護」、

これは前述の井上治代さんとの話の中で出てきた現代狂歌の一首です。夫婦に子ども、という核家族は、子どもは結婚して家を出て自分の核家族をつくります。そして、残った夫婦の内どちらかが先に死にます。そうすると必ず独居老人、やがては要介護となります。おそらくこれは私自身、そして多くの現代都市生活者の将来でもありましょう。

そのための準備はどうすればいいか。一、老後の蓄えをしておく、二、上下の年齢差のある良い知り合いや友だちをたいせつにする、三、健康に気をつける、などなど、これも私たちが最近話していることです。なかなか思う通りには実現しそうもありませんが、とくに老後の蓄えなど、私のような消費型の人間には危ないものです。

最期の大問題は自分の死です。そこで、準備の、四です。脳卒中や心臓麻痺などで倒れたら、七十歳以前なら救急車で病院へ運んでもらい治療をしてもらう、しかし、七十五歳を過ぎていればもう、あわてて救急車を呼ばずに、安静にして静かに死を迎える。家族がいても独居でも、いよいよお迎えがきたのだとあきらめる、そのような心の準備をしておく。これが一つの方法かと思います。

むかしから、「長患い《ながわずらい》」といって、寝たきりで「下の世話」をかけることを老人たちは男女とも、とくに女性はたいへんいやがりました。家族の負担もたいへんでした。ポックリ寺の名で有名な奈良県の吉田寺《きちでんじ》への信仰のような、PPK（ピンピンコロリ）が望まれ、「お前百まで、わしゃ九十九まで、ともに白髪の生えるまで」などといわれたものでした。

現在の、いわゆる脱宗教化の時代にはどうでしょうか。一般に話題になっているのは、かつて人びとが不安に思い怖がっているのは、死ぬときの苦痛だけのようです。しかし、かつて大切だったのは、死を迎えたあとの霊魂のゆくえはどうなるのか、ということでした。

小説家でクリスチャンの遠藤周作は評論家の立花隆との対談の中で、死後の世界の可能性について結局のところ三つしかないといっています。(77)「無」、「あの世」、「生まれ変わり」の三つです。仏教的な考え方からすると、無は禅定の境地、あの世と生まれ変わりは六道《ろくどう》輪廻《りんね》、ということになるのかもわかりません。それならば、すでに仏教ではすべてを見晴るかしておられるということになるでしょう。過去・現在・未来の流れを説き、人びとの死への不安をいやし、この世に生を享《う》けたことへの感謝とそのありがたい一日一日を充実して過ごすことの大切さ、それを教えておられるのが仏教の教えだと、僭越ながら思います。

本日は、民俗学という小さな学問の、さらにその学徒のひとりに過ぎない私が、おおせいのご住職さま方の前で、僭越《せんえつ》なお話をくりかえさせていただきました。無知な人間がお釈迦様の手のひらの上で走り回っているようなことでしたが、このあたりで私のお話を終わらせていただきたいと思います。

長い時間、御静聴ありがとうございました。

Ⅱ

慰霊と軍神

―言語と文化の翻訳―

1 慰霊と追悼

―Memorialを慰霊と翻訳してはならない―

柳田國男の用語には、慰霊も追悼もない

アジア太平洋戦争末期の昭和二〇年、連日の空襲警報のもと、七〇歳の古稀《こき》を迎えていた柳田國男は、日本各地の民俗の伝承情報を総合的に分析しながら、のちに『先祖の話』として結実する文章群を書き続けていた。(1)「少なくとも国のために戦って死んだ若人だけは、何としてもこれを仏徒のいう無縁ぼとけの列に、疎外しておくわけには行くまいと思う」、と記すその柳田國男の著作には、なぜか、『定本　柳田國男集』の索引をみるかぎり、「慰霊」の語も「追悼」の語もみられない。柳田のような近代日本の知識人にとって、この慰霊と追悼という語は新しいものであり、まだ学問的表現の場では、通常の使用にふさわしい語としての位置を得ていなかったようである。それは、戦後の昭和三〇年初版の

『広辞苑』（岩波書店刊）の語列にも現れている。昭和四四年刊の二版でも、九つの語が提示されている「いれい」では、その最後尾にあげられているにすぎないし、二つの語が提示される「ついとう」では、「追討」が優先されている。時代の趨勢《すうせい》に流されながら、歴史学や民俗学また社会学などが、あらためて戦争研究を活発化させたのは、マスコミ先導の流れに沿う「戦後五〇年」を期した一九九五年以降のことであった。国立歴史民俗博物館における共同研究(2)もその一環を占めるものであったが、その研究会の現場でも戦没者の問題をめぐる議論において当初は慰霊と追悼という用語が不用意に用いられるままで、両者の区別が重要であることに議論が及んだのは研究会の最終段階のことであったことを記憶している。

祭祀と供養の区別

日本の民俗における死者への一連の儀礼について、民俗学、文化人類学、宗教社会学、歴史学、等々の研究者の間では、用語の使用が恣意的なまま問題を含みながらもそのまま流通している、というのが残念ながらその現状である。これまでの日本民俗学の研究蓄積によれば、死者の葬送《そうそう》の儀礼としては基本的に、死者の葬儀、死者と死霊《しりょう》の供養《くよう》、異常死者の場合には死霊の慰霊と供養、先祖の供養、祖先や祖霊や祖先神の祭祀、まで多様である。しかし、それら、死者、死霊、先祖、祖先、祖霊、祖先神、という異なる概念の語に対して、安易に、祭祀という語を結び付ける傾向性が現状としてはある。たとえば、死者祭祀、死霊祭祀、先祖祭祀、祖先祭祀、祖霊祭祀、祖先神祭祀などという表現である。しかし、これらのうち死者祭祀と死霊祭祀という語は適切ではないのではないか。

祭祀とは基本的に、神の霊や先祖の霊を迎え祭ることを意味する語であり、神の霊や先祖の霊を迎えて供物をささげてもてなし感謝や祈願などを行ない、そして送るという一連の儀礼的行為を表す語である。和語の「まつる」は幅広く用いられる日常語で、上記の死者から祖先神まですべてに対して使われる語であるが、それは、仕えまつる、おろがみまつる、捧げまつる、など助動詞としての機能も併せもつ曖昧性《あいまいせい》を残す語だからである。それに対して、漢語の「祭祀」は限定的に用いられるべきである。亡くなったばかりの死者に対して、その霊を「まつる」という言い方はあり得ても、「祭祀」するという言い方には問題がある。その場合の「まつる」は慰霊や供養に近い意味であり、死者の霊を慰めその安らかな落ち着きを願うための儀礼的行為であって、神霊や祖霊を迎えもてなしその霊《れい》験《げん》に感謝もしくは祈願して送る、という「祭祀」ではない。

死者に対してはむしろ供養という言い方が日本の民俗の分析の上では適切であり何より有効である。供養とは仏教用語の pujana の訳語で、仏・法・僧の三宝や父母、師長、亡者に飲食や衣料、資材などを供給し資養することであり、死者の冥福《めいふく》を祈って回向することをいう語である。祭祀と供養という語の意味からすれば、死者や死霊はまだ供養や慰霊の対象であって祭祀の対象とはいいがたい。先祖、祖先、祖霊、祖先神になると、祭りや祭祀がふさわしい。つまり、先祖という語は供養と祭祀の両方と組み合わせられる曖昧な語となっているのである。

先祖と祭祀

ここで先祖と祖先についても一言しておくならば、現在では同じような意味の語として用いられるようになっているが、日本各地で用いられてきた民俗語彙《ごい》としては、先祖の方が一般的である。先祖は中国古代の『書経《しょきょう》』（多士）にも「乃命爾先祖成湯、革夏俊民甸四方」などとみられる語で、日本でも古く『日本書紀』にみられ「とおつおや」とか「さきつおや」と訓《よ》まれていたようである。『続日本紀』霊亀元年（七一五）十月丁丑（二九日）条には、陸奥の蝦夷《えみし》の豪族が「先祖以来、貢献昆布、常採此地」という記事が見える。「せんそ」という言い方も、『宇津保《うつほ》物語』（蔵開上）に「『この蔵、せんその御霊開かせ給へ』と祈る」とか、『源氏物語』（若葉上）に「かのせんそのおとどは、いとかしこくありがたき志をつくして」などとあり、早くから日常的に用いられていたことがわかる。近世初頭の『日葡辞書《にっぽじしょ》』は「せんそ」と「せんぞ」の両方の読み方があったことを記しており、現代の民俗でも同じく両方の言い方がある。一方、祖先も中国古代の『漢書』などにみられる語であるが、中国でもあまり使用されず、中国ではむしろ始祖とその嫡長子の代々を示す祖宗《そそう》という語が用いられた。祖先という語は日本でも前近代にはほとんど使用されることのない語であったが、明治になってAncestorの訳語として採用され、法律用語となり、学校教育においても「ソセンヲタットベ」とか「祖先と家」などと教科書で用いられて一般化した。学術用語としてはAncestor Worshipの訳語としての祖先崇拝がよく用いられている。

死者と霊魂

日本の民俗においては、すでに柳田國男が『先祖の話』などで指摘しているように、死んでまもない死者の霊魂は不安定で生きている者に危害を加える可能性のある危険なものとされていた。そして、一周忌、三年忌、七年忌などの年忌供養や命日ごとの供養、それに毎年の盆行事や彼岸行事などで子や孫たちの供養をうけることによって鎮められ清められていき、三十三年忌や五十年忌をもって弔い上げとし、それ以後は死者の霊魂は個性を失って先祖群へ融合する、また神となる、という考え方が一般的である。先祖の霊、つまり祖霊の集合体へと統合されるという考え方である。

では、死者が先祖へと変化するのはいつか、それは民俗の中では曖昧である。盆に迎える霊も、新盆や三年目の盆供養まではまだ亡くなったばかりの仏さんだからといって特別待遇するが、それ以後になるとその家の死んだ者全員の霊を漠然と先祖さん、精霊《しょうろ》さんなどといって仏壇や盆棚でまつっている。墓地の石塔でも明治・大正以降に一般化してきた「何々家先祖代々之墓」と刻む大型の石塔ではその家の代々の当主だけでなく夭死《ようし》した子どもや若者たちも含めて、記憶されているその家の死者全員が、付属の墓誌に記されるなどしてそこに意識されているのがふつうである。

仏壇の位牌《いはい》や墓地の石塔を、死者供養の装置とみなすか、先祖祭祀の装置とみなすかは微妙な問題である。位牌や石塔は三十三年忌や五十年忌の弔い上げには流してしまったり焼却したり倒して撤去してしまう例も多いからである。(3) 新盆があける三年目くらいまではまだ新しい仏さんとか新精霊《あらじょうろう》と呼ぶなど供養を必要とする死者という感覚があるが、その後は安定化したものとみなされ、弔い上げの三十三年忌までの期間は、供養すべき死者であると同時に祭りをうける先祖でもある、という感覚、つまり死者と先祖との区別の曖昧さが民俗の中にはみられるのである。供養と祭祀、弔《とむら》いと祭り、という語が混同して用いられており、しかも先祖とは何か、その概念が曖昧な日本の民俗をもとに先祖祭祀を定義するには、広義の先祖祭祀と狭義の先祖祭祀とを区別して考える必要がある。広義の先祖祭祀とは、死者や死霊を除いた先祖供養から祖先神祭祀までの死者に対するすべての儀礼を含むものであり、狭義の先祖祭祀とは、神格化された先祖つまり祖先神祭祀の儀礼のみである。その区別が必要であり、かつ重要である。

「ほかい」と「まつり」

この重要な点を明示しているのが、柳田國男のいう「ほかい」と「まつり」のちがいである。(4) 盆に帰ってくる亡者や餓鬼たちへ供えられる「ほかい」の膳は、決して下げて食べることはしない。しかし、秋の氏神の収穫祭など神霊を迎えて祀る祭礼行事における供物は、直会《なおらい》といって神に供えたものを下げて人びとが共食の宴を催すのが常である。死んでまもない死者の死霊やまつり手のない無縁の亡者への供物は「ほかい」であって河原などに流し送られるのが常であり、決して神霊や祖霊への「まつり」のための供物のように、祭壇から下げて人びとが直会の共同飲食をすることはない。

以上のような理由から、すでに学界でも社会でも、死者祭祀や死霊祭祀という語が使用されはじめてしまっている現状ではあるが、それでもあえてここに発言しておきたいのは、第一に、死者に対する儀礼と観念を分析する上では、この供養と祭祀という日本語文化圏の二つの言語と概念の相違を明確に区別し有効に活用すべきであるということ、そして第二に、供養という語と概念が英語文化圏に存在しないからといって、これを翻訳の上で曖昧化もしくは無化してしまっては重要な分析視点を失うことになる、むしろその翻訳こそが重要である、ということである。

つまり、死者を死後もまだ飲食物や衣服などを必要としている存在と考え、そのような供物をそなえ、同時に仏教の経典の読経と功徳によって資養することが供養の意味である、ということを解説付きで翻訳することが必要なのである。日本の墓地には飲食物が供えられるが、イギリスやフランスの墓地ではそれはあり得ないのである。

国民国家と戦争、そして戦死者

人間の死には通常死と異常死とがある。通常死の場合には、それぞれの社会に伝えられている伝統的な葬送儀礼によって死者の肉体と霊魂は落ち着くべきところへ落ち着くものと考えられている。しかし、戦争による死は異常死である。異常死の場合は通常の葬送儀礼とは異なる儀礼が必要とされる。

アメリカではアーリントン国立墓地、無名戦士の墓、五月三〇日の Memorial Day が設けられており、イギリスではホワイトホールの The Cenotaph、ウエストミンスター寺院境内の無名戦士の墓、一一月一一日のリメンブランスデイ Remembrance Day、等々、戦没将兵のための追悼や記念の装置、また追悼記念日が、

セノターフ（イギリス）

アーリントン国立墓地（アメリカ）

靖国神社（東京都）

忠魂碑（群馬県）

近代戦争を経験した多くの国民国家にとって不可欠のものとなっている。

国民軍を常備する近代国民国家にとって戦争は将兵の戦死を不可避とする営為である。したがって国家としての戦没将兵の葬儀と墓地と追悼施設の設営が、当然準備されてしかるべきであった。しかし、その具体策の検討と実現とは、それぞれの国民国家によって先取り的な場合もあれば、後追い的な場合もあった。そして、それぞれの国家や社会の伝統的な死と葬送をめぐる民俗の文化的多様性を反映してそれらは多様であった。日本でも陸軍墓地、靖国神社、忠魂碑《ちゆうこんひ》、忠霊塔《ちゆうれいとう》、千鳥が淵戦没者墓苑、八月一五日の終戦記念日、などが戦没将兵の追悼や記念、そして慰霊の装置として設営され機能してきている。

それが、宗教学、文化人類学、歴史学、民俗学などにおける国際的な研究交流の活発化とともに、英語文化圏のmemorial、remembrance、commemorationなどの語が、記念、追悼、慰霊、祭祀などの日本語に翻訳され、研究者をはじめ一般社会にも流通しはじめている。最近ではFallen Soldiersを英霊と翻訳した本も出版されている。(5) しかし、生死観、霊魂観、身体観など、文化や社会によって微妙な差異のある問題を扱う上では、それぞれの言語に現れている観念の繊細な差異にも注意すべきである。共有できる術語の設定に向けて、言語の翻訳は文化の翻訳という文脈からも考慮されねばならない。

言語と文化の翻訳

アメリカやイギリスにおける戦没者の追悼記念日や追悼記念碑については、最近では粟津賢太氏の「記憶の場の成立と変容—欧米における戦没記念施設を中心に—」(6)が詳しい。以下、その粟津氏の研究を参考にして紹介しておくことにしよう。アメリカでは、最近では五月最終月曜日となっているが、五月三〇日が、アメリカが参戦したすべての戦争の戦没将兵のメモリアルデイMemorial Dayとされている。紆余曲折はあるものの、これはもともと一八六五年に終結した南北戦争の戦死者の墓を花で飾り、敬意を表したことに由来する記念日である。イギリスでは第一次大戦が終わった日の一一月一一日、最近ではそれにもっとも近い日曜日が、その後の第二次大戦の戦没者をも含めて、すべての戦没者を追悼するリメンブランスディRemembrance Dayとされている。アメリカのアーリントン国立墓地の無名戦士の墓には一戦争につき一遺体のみが選ばれて、その戦争のすべての無名戦士を代表するものとして埋葬されている。このアーリントン国立墓地には約二五〇万㎡に二〇万人以上の戦没者が埋葬されているが、無名戦士の墓というのは、一戦争につき誰とも特定できない一遺体のみが埋葬されているものである。戦場から誰とも特定できない数体の遺体が集められ、その中から一体だけが選ばれてその戦争におけるすべての無名戦士を代表するものとされるのである。現在、第一次世界大戦　第二次世界大戦　朝鮮戦争　ベトナム戦争の無名戦士がそれぞれ一遺体ずつ埋葬されており、墓碑には次のような刻印がある。

HERE REST IN HONORED GLORY AN AMERICAN SOLDIER KNOWN BUT TO GOD.

（神のみぞその名を知る兵士、名誉と栄光に包まれてここに眠る）

また、イギリスではロンドンのホワイトホールに一九二〇年に建設された戦没者記念碑、セノターフ The Cenotaph がある。そして、そこにほど近い英国歴代王室の霊廟のあるウエストミンスター寺院 Westminster Abbey の境内の一角には、無名戦士の墓が同じく一九二〇年に象徴的な一体の遺体だけがすべての戦没者の代表として埋葬されている。このセノターフ cenotaph は空の墓 empty tomb を意味するギリシア語 kenotaphin に由来する語で、一般の記念碑をさすが、ロンドンのホワイトホールにあるセノターフ The Cenotaph は定冠詞がつき、語頭が大文字にされて特別なロンドンの戦没者記念碑を意味するものとなっている。

英国全土に現存する戦没者記念碑の総数は国立戦争博物館 The Imperial War Museum による「戦没記念碑総目録」というプロジェクトの調査によれば五四〇〇〇以上と推定されるが、それらのほとんどは一九一八年以降の一〇年間に建設されたものであるという。ウエストミンスター寺院の境内の一角にある無名戦士の墓に納められているのは、一九二〇年一一月一一日にフランスのフランドル戦線から回収された身元も姓名もわからない戦没者の遺体、一体である。この無名戦士は大英帝国を守った一般的な人間 a plane man の代表とみなされ、UNKNOWN BY NAME OR RANK、つまり、姓名も階級も不明の戦士という点が重要視されている。

このような「無名戦士」を創り出してそれを記念し追悼するという考え方は、日本社会の歴史や伝統の中には存在しない。供養や慰霊という考え方が英米社会に存在しないのと好対照である。この相違は重要である。それを学問が無化することは厳にいましめられなければならない。日本の「三界万霊供養塔」と、英米の「無名戦士の墓」とは相違点も大きいが共通点もある。また、戦死者の遺体を重視する度合いが英米社会と日本社会とでは大きく異なるという点も重要である。戦死者の問題については、今後、国際的に比較研究されるべき領域が存在し、かつそれは確実に広く深く、それだけ意義深いものといってよかろう。

平田篤胤肖像
『明治維新と平田国学』より

平田篤胤の御霊信仰《みたましんこう》

一方、近代日本の戦没将兵に対する扱いの上で特徴的なものの第一が、戦没将兵を神に祀りあげるという信仰と習俗である。その信仰の背景として考えられやすいのは古代以来の御霊信仰《ごりょうしんこう》であるが、それは正確ではない。その信仰の中核といえば、むしろ平田篤胤の説いた「御国《みくに》の御民《みたみ》」の思想とそれにもとづく御霊信仰《みたましんこう》である。「御国の御民」の思想とは、天皇を神の子孫として現津御《あきつみ》神《かみ》と位置づける一方で、一般の人びともまた神の子孫に他ならないとする考え方である。「神魂《たま》はもと、産霊神《むすびのかみ》の賦《くま》りたまへるもの」「この平篤胤も神の御末《みすえ》胤にさむらふ」（『霊《たま》の真柱《みはしら》』）といい、「世に有《あら》ゆる事物は此天地の大なる、及び我々が身体までも尽《ことごと》く天神地祇の御霊《みたま》の資《よ》りて成れる物にて、各々某々に神等の持分け坐《ま》して」いる（『玉襷《たまだすき》』第三巻）のであり、「賤《しず》の男我々に至るまでも神の御末《みすえ》に相違なし」（『古道大意』）、というのである[7]。そして、この延長線上に、伝統的な仏教式の葬儀による死者の供養と成仏という方式とは異なる、神道式の葬儀、神葬祭による死者のみたまが祖霊としてさらには神として祀られるという方式が、国学の理念のもとに定式化されてくることとなったのである。

死者儀礼のダブル・スタンダード

近世の寺檀制度のもとで仏教式の葬儀による成仏と来世への往生観が圧倒的に浸透していたかにみえ、またその後の近代社会にあっても私的な家族や村落社会においては仏教式の葬儀があいかわらず一般的であったにもかかわらず、それに併行して国家的な死者儀礼の場ではこのような国学的神道的な霊魂観と来世観が一躍普及し、国民的精神活動の上に多大な影響を与えていたのである。つまり、村落社会レベルでの仏教式供養成仏と国家と軍隊レベルでの神道式英霊祭祀といういわばダブル・スタンダードが相反的でありながらそれが同時に相補的に存在したのであり、それこそが近代国民国家日本における死者儀礼の特徴だったのである。

招魂弔祭《しょうこんちょうさい》と忠魂英霊《ちゅうこんえいれい》

招魂と慰霊といえば、村上重良氏の『慰霊と招魂』(8)という書名が印象的であった。しかし、幕末維新期の国事殉難者に対する儀礼を表す語は招魂弔祭であり、招魂慰霊ではなかった。その招魂弔祭は文久二年（一八六二）一二月に京都の東山霊山の霊明社で行なわれたのが最初である。それは同年八月に長州藩の内請によって孝明天皇から幕府に対して示された安政の大獄以来の犠牲者の「霊魂を招集し礼を以て収葬し子孫をして祭祀せしめ」るように、との勅文に呼応するものであった。翌文久三年（一八六三）七月に津和野藩の国学者福羽美静《ふくばびせい》らが中心となって京都祇園社の境内に小社を建てて三条実萬《さねつむ》、水戸斉昭《みとなりあき》以下六四名の忠死の霊を奉斎したが、そのような潮流の中で戊辰《ぼしん》戦争の犠牲者をも含めた招魂弔祭の施設として、明治二年(一八六九)に東京九段に招魂社が建立される。そして西南戦争を経た明治一二年(一八七九)に靖国神社と改称された。この間、明治元年(一八六八)五月一〇日の太政官布告に「其忠魂を慰められたく」の文言がみられ、そこに慰霊に通じる表現が用いられている。

近代日本における戦没者に対しては、この慰霊という動詞と儀礼よりも、英霊、忠魂、忠霊などの名詞の呼称が与えられ、それが一般的となっていった。英霊の語は古くは『隋《ずい》書《しょ》』など中国の古典によれば英華霊秀の気の鍾《あつ》まって生じた人、つまりすぐれた人の意であったが、日本では幕末の水戸藩士藤田東湖《とうこ》の「英霊いまだかつて泯《ほろ》びず、とこしえに天地の間にあり」という漢詩の一節が志士の間で愛唱されて以来広まった語とされている。それが、とくに日露戦争を画期として、勇戦忠死の英霊というかたちで一般化することとなった。とくに『靖国神社誌』が祭神を英霊と呼んでからそれ以降、靖国神社と英霊の語は不可分のものとなった(9)。日露戦争による戦没者の激増は一方で、全国各地の村落においても戦没者の氏名を刻む忠魂碑の建立を促《うなが》し、はじめは日露戦役紀念碑などとともに全国各地の村落の氏神の神社境内に建立されたが、やがて学校教育の場である小学校の敷地内に移っていった(10)。昭和期に入り日中戦争が激化すると、昭和一四年（一九三九）に陸軍の強い支援を受けて大日本忠霊顕彰会が設立され、各地に納骨施設をともなう巨大な忠霊塔が建立されるようになった。

慰霊と追悼のちがい

死者に対する儀礼と言語で、同じ日本語でも慰霊と追悼とはその意味内容が異なる点に注意しなければならない。追悼は通常死と異常死の両者ともに該当する語であるが、慰霊は事故死や戦闘死など異常死の場合が主である。そして追悼の場合は死者はあくまでも追想しながらその死が哀悼される死者であるのに対して、慰霊は事故死と戦闘死とで大きく異なる。

事故死の場合は、たとえば昭和六〇年（一九八五）八月の御巣鷹山《おすたかやま》への日航機墜落事故や、また信楽鉄道《しがらきてつどう》（一九九一年）や福知山線尼崎（二〇〇五年）などの鉄道事故、東京湾の釣船富士丸と海上自衛隊潜水艦なだしお（一九八八年）やハワイ沖の水産学校練習船えひめ丸と米原子力潜水艦グリーンヴィル（二〇〇一年）との衝突沈没事故など、ここ約二十年の間にも頻発している各地のさまざまな事故の遭難者に対する慰霊の場合、さまよえる死者の霊魂が想定されてその招魂と慰霊のため、浮遊する霊魂の安息所、共に落ち着くことができる場所としての慰霊碑が建立され、犠牲者たちの集団的な霊魂が共に慰められ、かつおのおのの死者の安息を願う行事が行なわれることとなっている。それが慰霊碑の一般的機能であり、霊魂の安息と、悲劇を繰り返さないことへの祈願と誓願とが中心となっている。

しかし、戦闘死の場合には招魂慰霊による積極的意味づけがなされ、社祠が設営されるなどして戦死者は霊的存在として祭祀の対象となりうる。つまり、死者が神として祀り上げられる可能性があるという点が特徴的である。ただ同じ戦争の場合でも、戦闘死の将兵と一般の被災者とではまた異なる。たとえば広島や長崎の原爆被災者に対する原爆慰霊碑の場合などは戦闘死ではないために、戦争の犠牲者として位置づけられ、その霊魂の安息と冥福が祈られている。そして、これら慰霊の場合には、儀礼の上でも、事故や戦争の被災者の場合には、仏教式の追善供養による成仏、また宗教色を極力廃した方式も近年では考案されてきているが、いずれにしても死者の霊魂の安息と冥福を祈る点は共通している。それに対して、かつての戦時体制下での戦闘死の将兵の場合には、神道式の招魂弔祭による祭神、という死者の安息の境地が想定されており、その点で大きく異なっている。

そうした状況下で、前述のように英語の memorial が日本語では、記念、追悼、慰霊、祭祀、供養、などの語に翻訳されているのが現状であるが、それは匡正《きょうせい》されなくてはならない。

Memorial とは、抱きしめるように共感し決して忘れないこと

死者を神に祀り上げる信仰・習俗・霊魂観念を有する日本語文化圏の言語と、それを有しない英語文化圏の言語とを安易に翻訳して、厳密で重要な意味内容の相違を曖昧化もしくは無化してはならない。その言語の意味内容をよくふまえた正確な翻訳が必要である。

たとえば、memorial には「記念＋x」の含意があると考えられるが、その x の部分の解説が必要である。それは覚えておくとか記憶しておくというだけではなくそれに加えて死者に共感し抱きしめ慈しむ、決して貴方のこととあの事件のことは忘れないから、というような感覚だといわれるが、それらを含めてより正確な日本語への翻訳が必要である。それに対して、慰霊には「comfort the spirit＋y」の含意があるが、その y の部分とは「spirits＝霊魂」を「comfort 慰める」、だけでなくその慰められた霊魂が霊性を獲得して「神＝Deities/Gods」に祀り上げられ、時としては霊験ある祭神として人々の祈願の対象ともなりうる、という動態までをも含む意味内容である。したがって、それらをも含めて正確に英語に翻訳される必要がある。(11) だから *Irei* とイタリック体で表記して上記のようなその解説を英語で付すのが正確であろう。同様に、英霊は靖国神社の祭神の意味に限定して *Eirei* と解説付きで表記すべきであり、Fallen Soldiers や War Dead を安易に英霊と翻訳してはならない。

Fallen Soldiers は英霊ではない

そのような問題のある翻訳の最近の具体例は、ジョージ・L・モッセの Fallen Soldiers: Reshaping the Memory of the World Wars の訳書、『英霊　創られた世界大戦の記憶』(12) である。もちろん、この著書と宮武実知子氏による翻訳書の出版の学術的かつ社会的意義の高さについてはまったく異議はなく、その内容の充実とともに高く評価されるべきである。ただし、ここで注意したいのは翻訳上の訳語の問題である。訳者の宮武実知子氏によれば、

Fallen Soldiersを「戦没兵士」でなく「英霊」と訳す理由は、「戦場で死んだ将兵がさまざまな祭祀や儀礼を通じて神格化される場合の呼称として用いられているため、「英霊」と訳すのが妥当であろう」といい、cultを祭祀、riteを儀礼と翻訳したという。(13)しかし、ドイツ社会における戦没将兵の「神格化」と日本社会における「英霊祭祀」との文化的差異に注意する必要があるのであり、その点を等閑視してはならないということを指摘しておきたいのである。日本の靖国神社や護国神社のように、欧米社会でFallen SoldiersがShrineにDeities/GodsもしくはSaintとして祀られることがあるであろうか、それは否であろう。その点こそ明白であっても微妙であっても決して等閑視すべきでないと考えるのである。

英霊とは靖国神社に祀られた戦没者の霊

日本社会において戦闘死者に対する招魂慰霊と社祠奉祭という儀礼によって創り出される神々は、その創出も祭祀も、解釈も、そのときどきの生きている人間の利害関係によって、平和祈願から護国祈願、さらに事態によっては戦意高揚、戦勝祈願、戦争戦死の美化、にまで意味づけが無限に拡大されていく宿命にある。そのような日本の歴史と民俗における招魂慰霊と社祠奉祭という儀礼の意味とその特徴とが、言語の相違を超えて日本語文化圏以外の欧米社会のみならずアジア、アフリカ、南アメリカの諸社会、もちろんイスラム社会も含めて、多様な言語文化圏の研究者との間で相互に議論され、文化差をめぐる認識が共有され理解されあわねばならない。英語の The Glorious Dead と日本語の英霊との相違についても、これを明確にして英語文化圏の研究者と日本語文化圏の研究者が相互にその点を確認しておく必要がある。そして前述のように、日本語の場合にも、「慰霊」と「追悼」の相違にはとくに注意する必要がある。

戦没者追悼式（日本武道館）

昭和三八年（一九六三）から開始された毎年八月一五日の全国戦没者追悼式で壇上の標柱の文字が、はじめは「全国戦没者追悼之標」であったのが、昭和五〇年（一九七五）からは「全国戦没者之霊」へと変更された例など、戦没者をめぐる信仰の問題の次元での考察はもちろんであるが、同時に戦没者をめぐるポリティックス・政治の問題としても注意深く考察される必要があろう。その昭和五〇年（一九七五）八月一五日とは、三木武夫首相による戦後初の「八月一五日の靖国参拝」が行なわれた年であり、戦後史の一つの転換点でもあったのである。

2 軍神の誕生

英霊と軍神

近代国民国家日本における戦没将兵に対する扱いの上で、特徴的なものの一つが、彼らを「英霊《えいれい》」と呼んで靖国神社の神に祀りあげるというものであった。それは、前述したように平安時代以来の御霊《ごりょう》信仰《しんこう》によるというよりも、たしかに戦死という悲惨な死に方への意識を暗に含みながらも、歴史的にみれば、近世後期に平田篤胤《あつたね》が説いた「御国《みくに》の御民《みたみ》」という思想や信仰からの影響が大であったと考えられる。しかし、そのような信仰的かつ習俗的なものとなっていった戦没将兵への扱いの延長線上にありながらも、まったく新たな展開として現れてきたのが、特別壮絶な戦死を遂げた個人を美化して神へと祀り上げるというものであった。

それが「軍神」である。その軍神は日本近代史、とくに明治後期の日露戦争の時期と、昭和初期のアジア太平洋戦争の時期に集中的に生まれて、異様な影響力をもちながら日本の国民一人ひとりの精神状況を揺さぶり続ける存在ともなっていた。では、その軍神とは何であったのか、どのようにして誕生したのか。最初の軍神誕生のいきさつをみてみれば、それは明らかである。この点を民俗学の立場から筆者が最初に論じたのは平成四年（一九九二）のことであり、それは戦後五〇周年の一九九五年を期して歴史学の世界で戦争関係の研究がブームになることとは別の次元での取り組みであった(1)。しかしその後、歴史学の世界で戦争研究が進展してさまざまな軍神論も登場してきているので(2)、重要な点を再確認しておくために、ここであらためて軍神の誕生をめぐる民俗学の立場からの捉え方と分析とを紹介しておくことにしたい。

日露戦争と軍神

日本最初の軍神は、日露戦争開戦後まもなくの旅順《りよじゆん》港閉塞《こうへいそく》作戦において戦死した広瀬武夫少佐である。没後ただちに中佐に昇進したため広瀬中佐と呼ぶのが一般的である。その軍神誕生への動向を、官報や新聞や雑誌などの資料情報をもとに確認してみることにしよう。

ただその前にまず、日露戦争について確認しておいた方がよかろう。

明治三七年（一九〇四）二月九日、朝鮮の仁川沖において日露両軍艦の砲撃戦が起こり、これによって事実上の日露開戦となる。宣戦布告はその翌日の二月一〇日であった。

さて、満州の戦地に展開する陸軍部隊への補給の上で海上輸送を必須とする日本側は、制海権を確保する必要性からもまず旅順港にあるロシア艦隊への攻撃を開始する。しかし、そのロシアの旅順艦隊は安全な港湾内に逼塞《ひっそく》して湾外での戦闘を回避し戦力を温存する作戦をとる。このまま世界最強といわれたバルチック艦隊が回航来援して旅順艦隊と合流すれば、帝国海軍の不利は明らかである。また、満州のロシア陸軍に対してもシベリア鉄道による来援軍が続々と合流してくれば、帝国陸軍の苦戦は避けられない。早期にロシア旅順艦隊の撃破壊滅が求められたのであった。

そこで採られたのが旅順港閉塞作戦であった。幅が約二七三ｍの旅順港湾の入口に古い艦船を沈没させてロシア艦隊が出入りできないように閉塞封鎖するというものである。二月二四日未明の第一次、三月二七日未明の第二次、五月二日夜の第三次と、計三回の閉塞作戦が試みられたが、待ち構えるロシア戦艦と沿岸砲台からの激しい砲撃を前にしては、いずれも失敗に終わらざるを得なかった。

このような司令長官東郷平八郎《とうごうへいはちろう》大将の指揮する海軍の失敗に代わって浮上したのが、陸軍による旅順要塞攻囲作戦であった。その第三軍三個師団の司令官が乃木希典《のぎまれすけ》大将であった。しかし、八月二一日から二四日の第一次総攻撃、一〇月三〇日から三一日の第二次総攻撃、いずれもロシア軍の機関銃の威力の前に、歩兵による肉弾突撃が繰り返されて莫大な死傷者を続出させるばかりであった。一一月二六日から開始された第三次総攻撃も同様であったが、中途から作戦を正面攻撃から旅順港の背後の二〇三高地へと目標を転換することによって、戦局は展開し、激戦の末、一二月五日にその二〇三高地を占領することができた。そして、そこを拠点として、旅順港湾内のロシア艦隊を砲撃壊滅させることに成功したのであった。

以上は一般的に解説されるものであり、第一次資料の検討をあらためて厳密に行なってはいないが、本論の主旨からいって、大きなまちがいはないと思われるので、ここではそれにならっておくことにする。

広瀬武夫肖像

この後、日露戦争の終結講和は、翌明治三八年（一九〇五）五月二七日から二八日にかけての対馬沖での激戦、つまり、ロシアのバルチック艦隊と日本の連合艦隊との「日本海海戦」の結果を待つことになる。

こうして陸軍の乃木将軍と海軍の東郷元帥とが戦勝の象徴的存在として、その後、神格化され紆余曲折がありながらも、乃木神社、東郷神社の祭神として祭られていくこととなったのである。しかし、この乃木と東郷の両者は壮絶な戦死による軍神ではなく、むしろ明治天皇の明治神宮のように、特定人物が英雄視され崇拝され、神格化されて神社の祭神として祭られたタイプであるといってよい。

人間を神に祀る習俗

たしかに人間を神に祭るという習俗は、日本歴史の上にいくつかの事実とともに刻まれている。そしてそれらを分類してみれば、三つのタイプがあるということがわかる。(3) 第一のタイプが、古代の御霊信仰《ごりょうしんこう》によるものである。菅原道真《すがわらのみちざね》が北野天満宮に天神として祭られた例などである。ただし、この御霊信仰には歴史的に四つの画期があり、それを区別

怨霊から御霊への四段階

I	僧玄昉	天平18（746）	死亡に藤原広嗣の霊に害されたとの風評あり。（『続日本紀』）
	橘奈良麻呂の変の獄死者	天平勝宝 9（757）	その亡魂の風評あり。（『続日本紀』）
II	井上内親王	宝亀 8（777）	光仁天皇と皇太子山部親王の不豫により、改葬。墳墓を御墓と称し守家一烟を置く。（『続日本紀』）
		延暦19（800）	井上内親王を皇后に復す。墓を山陵と称す。（『日本紀略』）
	崇道天皇（早良親王）	延暦11（792）	皇太子（平城）の病気が崇道天皇の祟りによると卜に出たため諸陵頭調使王等を淡路国に派遣してその霊に奉謝。（『日本紀略』）
		延暦19（800）	早良親王を崇道天皇と追称。淡路国の崇道天皇の山陵に鎮謝。（『日本紀略』）
		延暦24（805）	桓武天皇の病気により崇道天皇のために淡路国に寺院建立。諸国に命じて崇道天皇のために小倉を立てて正税40束を納めて国忌・奉幣の例に加えて怨霊に謝す。（『日本後紀』）
III	神泉苑における御霊会	貞観 5（863）	「於神泉苑修御霊会〔中略〕霊座六前設施几筵　盛陳花菓　恭敬薫修　延律師彗達　為講師　演説金光明経一部　般若心経六巻　命雅楽寮伶人作楽　以帝近侍児童及良家稚子　為舞人　大唐高麗更出而舞　雑伎散楽競尽其能　此日宣旨　開苑四門　聴都邑人出入縦覧　所謂御霊者　崇道天皇伊豫親王　藤原夫人　及観察使橘逸勢　文室宮田麻呂等是也　並坐事被誅　冤魂成厲　近代以来　疫病繁発　死亡甚衆　天下以為　此災御霊所生也　始自京畿　爰及外国　毎至夏天秋節　修御霊会」〔『三代実録』〕
	祇園社の御霊会	貞観11（869）	「天下大疫之時　為宝祚隆栄人民安全疫病消除鎮護依勅而祭疫神　於八坂郷」（八坂神社蔵『山城国愛宕郡八坂郷祇園社本縁雑録』） 「祇園社本縁録曰　貞観十一年　天下大疫之時　為宝祚隆栄人民安全疫病消除鎮護　卜部日良麻呂奉勅　六月七日　建六十六本之矛　長二丈許　同十四日率洛中男児及郊外百姓而送神輿于神泉苑以祭焉　是号祇園御霊会　爾来　毎歳六月七日十四日為恒例矣」（八坂神社蔵『祭神御事歴等取調書草案』）
IV	菅原道真	天慶 5（942）	天神（菅原道真）が右京七条二坊十三町に居住の宜禰（巫女・童女）の奇子に託宣して右近馬場のある北野に社殿を構えて祭祀せよと。（『北野天満自在天神宮創建山城国葛野郡上林郷縁起』天徳 4 年［960］署記）
		天暦元（947）	奇子の邸内から北野の地に移建。（『北野天満自在天神宮創建山城国葛野郡上林郷縁起』天徳 4 年［960］署記）
		天暦元（947）	近江国高島郡比良郷の神《みわ》良種の男太郎丸という 7 歳の男子に右近馬場のほとりに祀るよう火雷大神の託宣あり。その馬場の乾の隅にあった朝日寺の住僧最鎮が神《みわ》良種の男太郎丸や右京七条二坊の奇子らその他の関係者と尽力して奇子の邸内から移建。（『北野寺僧最鎮記文』『天満宮託宣記』）

しておく必要がある。
①八世紀半ばの藤原広嗣《ふじわらのひろつぐ》や橘奈良麻呂《たちばなのならまろ》などの怨霊《おんりょう》信仰の初現期の例
②八世紀末から九世紀初頭の井上内親王や他戸《おさべ》皇子などの本格的な怨霊信仰の例
③九世紀の怨霊信仰と疫神信仰の習合による御霊信仰《ごりょうしんこう》で、神泉苑での御霊会や祇園御霊会などの例
④一〇世紀半ばの怨霊信仰と神仏習合的な天神信仰にもとづく菅原道真の例
である。

これら八世紀の①から一〇世紀の④までの長い年代幅をもつそれぞれの事例は、日本の古代社会の歴史の中で、それぞれの時代状況を反映して誕生したものであったが、その後の日本歴史の上にも長い影響を残して今日にまで伝えられている。

この第一のタイプに対して次の第二のタイプ、それが中世末から近世初頭の豊臣秀吉を豊国《ほうこく》大明神として豊国神社に祭った例や、徳川家康を東照大権現《とうしょうだいごんげん》として日光東照宮に祭った例である。前者は神祇伯の白川家による明神信仰、後者は吉田神道による権現信仰にそれぞれもとづくもので、神仏習合《しんぶつしゅうごう》のかたちの明神や権現であり、かつ英雄神格化のタイプである。

そして第三のタイプが、前述のような近世後期の平田篤胤の説いた国学的な御霊信仰《みたましんこう》によるものであり、靖国神社の例などである。そして、明治神宮や乃木神社や東郷神社、また楠木正成《くすのきまさしげ》を祭った湊川《みなとがわ》神社など、日本近代が生んだ一連の祭神と神社の例はその国学的な御霊信仰《みたましんこう》にもとづきながらも同時に英雄神格化の要素をもつものと位置づけることができる。

軍神広瀬中佐

ここで検討する軍神とは、あえて言えば第三のタイプに含まれるものといってよいであろうが、乃木将軍や東郷元帥のような人物とはまた異なる事情、つまり壮絶なる戦死によって誕生した特別の軍神である。そして、その最初が広瀬中佐であった。

広瀬武夫（一八六八―一九〇四）は慶応四年五月二七日（一八六八年七月一六日）に現在の大分県竹田市に生まれ、海軍兵学校を卒業し日清戦争に従軍後、ロシアへの留学と駐在を経て日露戦争に戦艦朝日の水雷長として出征した。そして、明治三七年（一九〇四）三月二七日午前三時三〇分過ぎ、第二次旅順港閉塞作戦に第二番船福井丸の指揮官として従事中、敵弾を頭部に受けて戦死した。享年三七歳であった。ここでその戦死から葬儀への動向を資料にそって時系列的に整理してみることにしよう。

戦死から軍神へ

まず、三月二七日の戦死から四月一三日の葬儀までの情報を、整理してみる。

(1) 広瀬少佐の戦死は、三月二七日午前三時三〇分の閉塞作戦決行の時点から一定の時間が経過した時点であったと思われるが、その状況はまず、「三月三〇日付の報告書」で、戦艦朝日の艦長山田彦八から司令長官東郷平八郎に宛てて報告されている。それは広瀬が戦艦朝日の水雷長であったからであり、上司の朝日艦長から報告されるのが通例であった。それによれば、福井丸から一同退去の時点で指揮官付の兵曹長杉野がおらず、指揮官の広瀬少佐は三度福井丸の船内を探すも浸水はげしく端艇に乗り移り退去したが、そのとき広瀬少佐は「敵のために頭部をうたれ海中に墜落し救はんとしたるも及ばず戦死せられたり」ということであった。

(2) その三〇日付の報告書よりも早いのが、三月二九日付の「大本営《だいほんえい》海軍幕僚公報」第一一二号の記事である。この公報は戦局に関する海軍の公式発表で「大海報《だいかいほう》」と通称されていたものである。その第一二号の記事によれば、「本船を離れ敵弾の下を退却せる際、巨弾中佐の頭部を撃ち、中佐の體《からだ》は一片の肉塊を艇内に残して海中に墜落したる者なり。中佐は平時に於いても常に軍人の亀鑑たるのみならず、その最後に於いても万世不滅の好鑑を残せるものと謂うべし」とある。

（3）そして同じ三月三〇日付の「東京朝日新聞」（二九日付号外の再録）には、「戦報」（昨日午後六時迄）として「旅順閉塞公報」東郷連合艦隊司令長官報告、の見出しで、「連合艦隊は、去る二十六日再び旅順口に向ひ、同二十七日午前三時三十分、敵港閉塞を決行せり」として、第一船千代丸、第二船福井丸、第三船弥彦《やひこ》丸、第四船米山丸の沈没の様子を伝えている。そして広瀬中佐の戦死についての詳報が次のように記されている。ただし、これは前日の「大海報」第一二号の記事と同じ内容である。

なお、ここから以下の記述は、正確を期すために、資料となる記事をなるべく紹介していくこととする。読みにくいかも知れないので、要点を示す部分には—傍線を施しておくので参考にしていただきたい。また、元の資料文にはないルビを付しておくことにする。

「戦死者中福井丸の広瀬中佐及杉野兵曹長の最後は頗《すこぶ》る壮絶にして、同船の投錨《とうびょう》せんとするや、杉野兵曹長は爆発薬に点火するため船艙《せんそう》に下りし時、敵の魚形水雷《ぎょけいすいらい》命中したるを以《もっ》て、遂《つい》に戦死せるものの如く、広瀬中佐は乗員を端舟《たんしゅう》に乗移《のりうつ》らしめ、杉野兵曹長の見当たらざるため、自ら三度《みたび》船内を捜索《そうさく》したるも、船體《せんたい》漸次に沈没海水上甲板《じょうかんぱん》に達せるを以て、止むを得ず端舟に下り、本船を離れ敵弾の下を退却せる際、巨弾《きよだん》中佐の頭部を撃ち、中佐の體《からだ》は一片の肉塊《にくかい》を艇内《ていない》に残して、海中に墜落《ついらく》したる者なり。中佐は平時《へいじ》に於いても常に軍人の亀鑑たるのみならず、その最後に於いても万《ばん》世不滅《せいふめつ》の好鑑《こうかん》を残せるものと謂うべし」。（傍線筆者）

この同じ紙面の下部には、「軍神広瀬中佐」の見出しと記事が掲載され、沈没する福井丸とその上方に桜花に飾られた広瀬中佐の顔を大きく描いた挿絵が、読者の目を引く。そして、その記事には次のようにある。

「昨日午後零時、東京着永田連合艦隊副官より大本営幕僚財部《だいほんえいばくりょうたからべ》、森参謀へ宛《あ》てたる電報に曰《いわ》く、旅順港閉塞の名誉ある戦死を遂げられたる広瀬中佐の、平素《へいそ》并《ならび》に開戦以来の行為は、実に軍人の亀鑑とすべき事実を以《もっ》て充《み》たされ、一兵一卒《いっぺいいっそつ》に至るまで歎《たん》賞措《しょうお》かず、我々同窓者までも名誉此上なき儀と考ふ。或人叫《あるひとさけ》んで軍神と唱《とな》ふ。是《こ》れ敢《あえ》て過言にあらざるべきことと信ず。特に連合艦隊司令長官より海軍大臣へ電報せられたる戦死当時の勇敢沈着《ゆうかんちんちゃく》なる行為にて、その一斑を窺《うかが》ふに足るべく、生等《せいら》同窓者は満腔《まんくう》の熱血を灑《すす》ぎ、同情を表するところなり。願はくは今後永久に同氏の海軍に貢献せられし逸事を没却《ぼつきやく》せず、模範軍人として後世に貽《のこ》さるるの手段を豫《あらかじ》め講じ置かれんことを希望す。」。（傍線筆者）

この三月三〇日の記事こそ最初の「軍神」の登場である。新聞紙上でこの「或人叫んで軍神と唱ふ」というだけであったにもかかわらず、そしてその「或人」が誰かが詮索《せんさく》されることなどなく、また、広瀬少佐がこの時点で早くも広瀬中佐と記されており、これ以後は当然のように、広瀬少佐は特進したものとして広瀬中佐と記されつづけ、「軍神」と唱えられていくのである。

福井丸乗員（前列右の兵士が持っている箱には広瀬の肉片が入っている）

銅像建設の意見

（4）次いで四月一日付「東京朝日新聞」には、「広瀬中佐銅像」の見出しで、「熱心同情生」の投稿が掲載されている。

「わが艦隊の戦友中にて広瀬中佐を軍神なりと呼びたる者ある由《よし》、斯《かく》の如《ごと》き称呼《しょうこ》は決して偶然にして起《おこ》るものにあらず。畢竟《ひつきよう》、平生尊信敬慕《へいぜいそんしんけいぼ》の念《ねん》の、戦友中に氤氳《いんうん》したるものが、中佐の死状《しにざま》の威稜《みいつ》に打たれて、覚えず破裂し、此声《このこえ》を発するに至りたるものなり。（中略）広瀬中佐が其《その》戦友中より、忽《たちま》ち軍神と呼ばるるに至りたる、既《すで》に人心感孚《じんしんかんぷ》の空《むな》しからざるを示すものにあらずして何ぞや、余《よ》は中佐を識《し》るものにあらず、しかも中佐の名は余《よ》をして軍神の名の如くに感ぜしむ。（中略）聞く所によれば、海軍部内の有志中にて中佐の銅像を作らんとの発企《ほつき》ある由、実に尤《もつと》ものことにして、余は熱心に同情を表せざる能《あた》はず。或は詩歌にて中佐を歌ひ、或は文章にて中佐を伝ふるは、貴社の如き必ず御如才《ごじよさい》なきことならんが、中佐の儀表《ぎひよう》を銅にて鋳《つく》りて、後世《こうせい》子孫の渇仰《かつぎよう》の情を満足せしむるは、それにも拘《かかわ》らず別《べつし》て必要の存することなり。」。（傍線筆者）

つまり、広瀬中佐を軍神と呼ぶべきはもちろん、その銅像を建てるべしとの意見である。

二銭銅貨大の肉片

（5）次いで四月八日付の「東京朝日新聞」の記事である。「広瀬中佐遺骸入京」の見出しのもと、「故海軍中佐従六位勲四等功三級《じゆろくいくんよんとうこうさんきゆう》 広瀬武夫氏の遺骸《いがい》は、敵弾《てきだん》のために飛散《ひさん》して僅《わず》かに残れる二銭銅貨大《にせんどうかだい》の肉片《にくへん》は、昨日午前九時十四分新橋着汽車にて到着したり。」とあり、「此《この》軍神の着京《ちやくきよう》を迎へんがため」、数多《あまた》の市民はもちろん、海軍からも斎藤（実）次官、伊集院（五郎）軍令部長以下「小笠原、財部両少佐」他、その他大勢の人たちが出迎えた、とある。そして、「中佐遺事《いじ》」という小見出しの記事では、海軍兵学校時代に同室であった小笠原少佐が酒を嗜《たしな》まないのに同僚がそれを無理強《むりじ》いしたとき、決まって広瀬は「小笠原は酒は飲まぬから　ヨヒ　ヨヒ」といってその無理強いを制止したなどというエピソードも載せられている。

（６）そして四月十三日付の「東京朝日新聞」には、「広瀬中佐の葬儀」の見出し記事が掲載されている。それによると、故海軍中佐従六位勲四等功三級広瀬武夫に特旨《とくし》を以て「贈正四位《ぞうしようしい》」と位階《いかい》の追陞《ついしよう》がなされ、葬列は午後一時に築地の海軍の水交社《すいこうしや》を出発して海軍省門前を経て、青山墓地へと到着したという。そして墓誌銘《ぼしめい》にも「軍神」と明記されたのであった。

文章の潤色《じゆんしよく》と情報の肥大化

こうして「軍神」へと祀《まつ》り上げられた広瀬中佐であるが、その現実の広瀬少佐の戦死の状況はどうであったのか。冷静に考えてみればわかるように、三月二九日付の「大本営海軍幕僚公報」第一二号の記事も、同日の「東京朝日新聞」の号外記事も、翌三〇日の「東京朝日新聞」の記事も、いずれも伝聞情報であり、実際の現場情報ではない。しかし、それらの間接的な伝聞情報が官報や公報や新聞というかたちで発信されるとき、それは大きな影響力のある情報となる。そして、その発信の繰り返しの中で文章表現に次第に潤色が加えられ、その潤色や脚色があたかも事実であるかのように理解され、それがまた事実として情報流通してしまうこととなる。たとえば、「一片の肉塊を艇内に残して海中に墜落」から「敵弾《てきだん》のために飛散《ひさん》して僅《わず》かに残れる二銭銅貨大《にせんどうかだい》の肉片《にくへん》」へと表現が変わり、人びとの想像力を刺激する。またとくに杉野兵曹長を探して三度も船内を探したという話も、部下思いの人徳篤《じんとくあつ》く慈悲深い人物としての印象を強く与える。しかし、そのような危険な作戦実行の最中での指揮官の判断が、逆に他の多くの兵員を危険にさらすことにもなりかねないという問題が別に存在するはずである、が、それは熱狂の中で不問に付されてしまう。そして、この情報化された広瀬少佐の戦死に対して、実際の状況はどうであったのか、についてもあまり追跡されることはなくなってしまう。

このような情報伝達のしくみについては、次頁の図にみるような関係性が指摘できる(4)。事実は決してそのまま情報にはなりえないのであり、逆に情報は決して事実を完全には伝達できないのである。必ず、利害関係による創作や隠蔽が避けられない。

この図のような事実と情報の関係性はどんな社会においても適用可能であり、高度情報化の現代社会にあっては、むしろ当時と比べて圧倒的な情報媒体の発展進化により、情報量が増大しその氾濫によって、人びとの鑑識眼や批判力が逆に鈍化している可能性が高いであろう。

戦死の状況

広瀬少佐の戦死の状況について参考になるのは、その場に居合《いあ》わせた栗田富太郎大機関士の菊池武徳代議士へ宛てた書簡の記事である。そこには次のようにある。

「広瀬中佐戦死の模様《もよう》の如《ごと》き、慥《たし》かに見届《みとど》けたる者とては、誰一人も無之候《これなくそうら》得《え》共《ども》、拙者《せつしや》の軍帽《ぐんぼう》、軍服及び其他《そのた》、傍《かたわら》に居合せたる下士卒《かしそつ》の被服に灑《そそ》がれたる脳漿肉片及《のうしようにくへんおよ》び鮮血等《せんけつなど》によりて、正《まさ》しく頭部を撃たれたるものなる事を推定したるに止《とど》まる次第《しだい》に有之候《これありそうろう》。或者《あるもの》の如《ごと》きは夜が明けるまで豪《ごう》も同中佐の戦死を

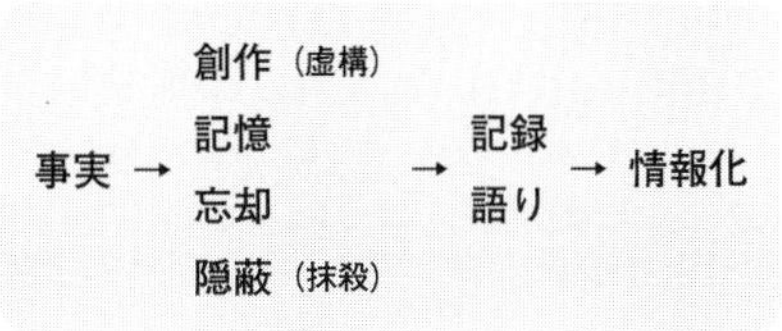

情報伝達のしくみ

気付《きづ》ざりし者すら有之《これあり》たる有様《ありさま》にて、当時端艇《たんてい》が敵の乱射《らんしゃ》を受けたる二三分の瞬間は、身其現場《みそのげんば》に在《あ》りたる者と雖《いえど》も充分に想像するを得ざる位に御座候《ござそうろう》。（中略）イヤハヤ其大騒動と申すものは形容の出来たるものにはあらず。小生《しょうせい》も其時《そのとき》ばかりは迚《とて》も一人も生還は六ケ《むずか》しからんと観念致候《いたしそうろう》。（「報知新聞」四月一五日）

これは広瀬少佐とともに作戦に参加してその戦死の瞬間に自分の軍帽や軍服に広瀬少佐の脳漿《のうしょう》や肉片を付着させるほどの身近にいた人物の語りである。そして、そこには特別な潤色や脚色の跡はうかがえない。つまり、この栗田の語る情報あたりが実際の戦況に近いものであったことと思われるのである。

海軍参謀小笠原長生《おがさわらながなり》

では、広瀬武夫中佐をして「軍神」へと祀《まつ》り上げたのはいったい誰なのか。その情報操作を行なった人物とは誰か。この点について早くから海軍参謀小笠原長生の存在に注目していたのは防衛大学校の田中宏巳氏である。(5) その論文を参考にしながら追跡整理してみることにしよう。まず先の、（5）四月八日付の「東京朝日新聞」の「広瀬中佐遺骸入京」

の記事の中で、軍神の着京を迎えた人物の中の二人に「小笠原、財部両少佐」とあるが、この小笠原とは当時の大本営海軍参謀小笠原長生（一八六七―一九五八）であり、財部とは同じく参謀で後に海軍大臣となる財部彪《たからべたけし》（一八六七―一九四九）である。この二人は広瀬武夫と海軍兵学校の同窓生であった。そして、この参謀小笠原長生少佐こそが、広瀬中佐を軍神に祀り上げる中心人物であったと考えられるのである。

戦史編纂

彼の日記によれば、明治三七年（一九〇四）二月九日の事実上の日露開戦からわずか二日後の一一日、小笠原は大本営海軍参謀に補職《ほしょく》され、一二日には新聞校閲係を、一五日には雑誌校閲《こうえつ》係を命ぜられている。戦時にあたって軍事機密に属する内容の場合、それを整理し新聞が発表できる範囲を明示した基準作りが必要であり、その基準を小笠原は二月二九日に陸海軍省詰めの記者たちへ説明している。当時の海軍で新聞などの報道関係者との交渉の、そのほとんどを担当したのがこの小笠原であったといってよい。そして、日露開戦の約二ヵ月前から始められていた日露戦史編纂の準備に最適の人物として小笠原を軍令部参謀へと復帰させていたのは、当時の軍令部次長伊集院《いじゅういん》五郎であった。伊集院と小笠原の関係は、それ以前の日清戦史の編纂委員長と編纂主任としての関係から生まれたものと推測されるが、あらためて日露戦史編纂に当たっては両者の連携の下に系統的な資料収集が行なわれることとなった。海軍各部に対する情報記録の提出を要請する通牒《つうちょう》、照会、趣意書には、たとえば明治三七年（一九〇四）六月二日の伊集院の照会には次のようにある。

「今回ノ戦役ニ海軍軍人ノ効セル個人的行為ニシテ、武人ノ亀鑑《きかん》トシテ後世ニ伝フヘキモノハ、帝国軍人ノ名誉ヲ顕揚《けんよう》シ、兼《かね》テ後進《こうしん》子弟ヲ激励シテ、奉公ノ精神ヲ発揮セシムルニ大効《たいこう》アルヲ以《もっ》テ、各艦船団体諸員ニシテ見聞セル忠勇《ちゅうゆう》義烈《ぎれつ》軍人《ぐんじん》ノ精神ヲ一貫シテ国家ニ報《むく》イ奉《たてまつ》リシ事蹟《じせき》ハ、該員《がいいん》ノ生死ニ拘《かかわ》ラス事ノ巨細《こさい》ニ論ナク、其知ル所ヲ記載シ…」

そして、それに添えた小笠原の依頼書には次のようにある。

「戦死者ノ伝記ハ本人ノ名誉ヲ末代ニ残シ、又後世ノ亀鑑トナルヘキモノニシテ、戦史編纂上一大要録ニ有之…各艦船艇《かくかんせんてい》ニ於テ戦死者ヲ出ス毎《ごと》ニ、其《その》最後ノ実況ヲ首《しゅ》トシ苟《いやしく》モ本人ノ名誉ト為《な》ルヘキ美譚《びたん》ハ、戦友ヲシテ細大漏《さいだいも》ラサス之ヲ蒐録《しゅうろく》セシメ、小官《しょうかん》迄《まで》御回付《おんかいふ》相成《あいなり》候《そうろう》様《よう》致度《いたしたく》…。」（傍線筆者）

つまり、このたびの戦争に際しては最初から、軍人の名誉、軍人の亀鑑《きかん》となるべき事蹟や美談をできるだけ蒐集《しゅうしゅう》しようとする姿勢に立っていたのであり、それは、「後進子弟《こうしんしてい》への激励《げきれい》」、「報国精神《ほうこくせいしん》の培養《ばいよう》」、「戦意高揚《せんいこうよう》」などをはかるためのものであったことがわかる。

無理な作戦の失敗と軍神の創造

広瀬中佐の戦死を伝える最も早い情報は、前述したように三月二九日付の「大日本海軍幕僚公報」つまり「大海報」第一二号の記事である。それは連合艦隊司令長官東郷平八郎の報告という形となっており、そこですでに、「平時において軍人の亀鑑」、「最後において万世《ばんせい》の好鑑《こうかん》」、と特別な賛辞《さんじ》が送られている。これは冷静に考えてみれば異常というほかない。

広瀬少佐の上司は戦艦朝日の艦長山田彦八であり、彼からの報告は別に存在しているにもかかわらず、「大海報」誌上では海軍トップの東郷平八郎が特別に報告を寄せているのである。しかも、肝心な閉塞作戦は、第一次に続きこの第二次もまたもや失敗に終わっているのに、である。報道関係者や世論の眼をその作戦失敗へと向けずに、広瀬少佐の壮絶な戦死をことさらに美談に作り上げているのである。そして、この「大海報」第一二号の記事は、実は小笠原自身がその日記に、自分が朗読《ろうどく》して聞かせたとも記しており、ここに小笠原の介在《かいざい》があったことはまちがいない。

その小笠原は、この旅順港閉塞作戦が開始された直後、すでに各指揮官に向けてあらかじめ次のような照会を発していた。

「拝啓　陳者《のぶれば》国家の為《た》メ、日夜御奮励大慶《ごふんれいたいけい》ノ至リニ候《そうろう》、扨手《さて》、今般旅順口《こんぱんりょじゅんこう》ニ於《おい》テ、運送船沈没ノ御壮挙《ごそうきょ》ハ永《なが》ク史籍《しせき》ニ留《とど》メテ、帝国軍人ノ亀鑑《きかん》タラシムルベキ事ト信シ候《そうろう》ニ就《つき》テハ勿論《もちろん》、公報ハ御提出ノ義《ぎ》ト存候《ぞんじそうら》へ共《ども》、尚夫《なおそ》レ以外ニ詳細当時ノ状況承知《しょうち》仕度《つかまつりたく》、御多忙中恐縮ニ候《そうら》へドモ御寸暇《ごすんか》モ候ハ、可成詳細《なるべくしょうさい》ニ沈没ノ方法、将士《しょうし》ノ挙動等《きょどうなど》、御記留被成下間敷哉《おんしるしとどめなしくだされまじきや》、尤《もっと》モ右ハ追テ軍令部ニ於テ編纂可成《へんさんなるべき》戦史ニノミ掲載仕リ、他ニハ決テ洩《も》ル事無御座候《ござなくそうろう》間《あいだ》、併《あわ》セテ御含置願《おんふくみおきねがい》候《そうろう》。右得貴意度《みぎきいをえたく》候《そうろう》。敬具」

つまり、はじめからこの作戦の壮挙《そうきょ》は永く史籍に留めて帝国軍人の亀鑑《きかん》としたいというのであり、小笠原はすでにこの作戦の中から戦史に残すべき「帝国軍人の亀鑑」の事例を待ち構えていたのである。

そこに入ってきたのが、海軍兵学校時代に同室であった広瀬少佐の戦死の知らせであった。小笠原の日記によれば、広瀬の戦死公報が入電された直後、海軍軍令部内で「広瀬中佐紀念物ニツキ協議ヲ為《な》ス」とある。これは翌三〇日以降の広瀬中佐戦死の報道に関する事前の内部打ち合わせであった可能性がきわめて高い。

新聞報道と小笠原参謀

三月三〇日以降、連日にわたり小笠原は新聞記者たちに広瀬の逸話《いつわ》や美談《びだん》を語っているが、それがそのまま記事となり、世論の耳目《じもく》を引いていくこととなった。前述の（3）の三月三〇日の見出し記事「軍神広瀬中佐」の中にみられる「軍人の亀鑑」も、「或人叫んで軍神と唱ふ」も、いずれも小笠原の談話をもとにした記事であったと考えられるのである。そして、（4）の四月一日の見出し記事「広瀬中佐銅像」の投稿者である「熱心同情生」とは、実は小笠原本人であった。「わが艦隊の戦友中にて広瀬中佐を軍神なりと呼びたる者ある由」といいながら「余《よ》は中佐を識《し》る者にあらず」などというのは一種のカモフラージュである。「熱心同情生」を名乗りながら小笠原が世論に語りかけたかったのは、「中佐の功績は其死骸より生ずる武徳《ぶとく》の威稜《みいつ》が別に後世子孫を威奮興起《いふんこうき》せしむる一事なり」ということであった。

軍神の誕生

以上の検討から、「軍神広瀬中佐」を生み出したのは、当時大本営海軍参謀として戦史の編纂に関わり、かつ新聞報道関係者への対応にも当たっていた小笠原長生少佐という人物によってであったことがわかる。もちろん、いくら小笠原が広瀬を軍神と称賛しても、報道機関がそれに応《こた》えなければ、また世論がそれに応《こた》えなければ、その効果はない。しかし、当時の報道も、世論も小笠原の発信する「軍神」の美談に応えかつともに称賛したのであった。

そして、その一方では、旅順港閉塞作戦という作戦の無謀《むぼう》さへの批判も反省も、また結局は失敗に終わってしまったことに対する批判も反省も、これといって表面化することはなかった。軍事上の大問題はそのような作戦の適否と成否とにあるはずである。その重要な点に注目せずして、悲劇の主人公を作り出して熱狂する情緒性、それがこののち近代日本の軍事史の特徴となっていったのである。この旅順港閉塞作戦の失敗とそれを隠蔽するかのような軍神の創造、そのような情報操作とそれに単純に付和雷同する日本のジャーナリズムと世論のありかたが、こののちますます増幅していくことになるのであるが、軍神広瀬中佐の創造は、その出発点であったといってよい。そして、戦後史を経てもなお、現在までそのような傾向はほとんど変わっていないとの感も強い。生活文化の伝承性を研究の対象とする民俗学の立場からみれば、それはそれなりに興味深い問題ではあるのだが、悲しい歴史を刻んでいるとの思いを禁じえない。

　事実として見るとき、広瀬中佐には特段の武勲はない。それにもかかわらず最初の軍神と称賛され祀り上げられてしまったのである。軍神の創造と誕生という問題は、帝国陸海軍にとってのその時々の利害関係と、国民世論の動向とその操作、という情報戦略の上での問題という部分が圧倒的に大きい。それは、後述する真珠湾の九軍神の場合にも共通するが、

①開戦当初の絶妙のタイミング
②その死に方が壮絶であるという点
③生前の人物像が忠孝仁愛《ちゅうこうじんあい》、勇猛礼節《ゆうもうれいせつ》など模範的軍人として宣伝できるという点

このような三点にその特徴がある。そして、それは軍神の創造が国民世論の戦意高揚を第一の目的とするものであればこそ、当然といえば当然なのである。

戦後の冷淡と銅像建設

日露戦争は明治三七年（一九〇四）二月の開戦から翌明治三八年（一九〇五）九月の講和条約調印まで、前後あわせて計一九か月におよんだ戦争であった。戦費は約一七億円、戦死傷者約三八万人、そのうち死亡者八万七九八三人にのぼった。甚大な被害を出した苦しい戦争が終われば、おのずと軍神への熱狂もさめてしまう。先の（3）の四月一日付「東京朝日新聞」の記事にもあった広瀬中佐の銅像建設は、海軍兵学校で広瀬とも小笠原とも同窓生であった大本営海軍参謀財部《たからべ》彪《たけし》少佐の推進するところであり、三月三〇日付の東京日日新聞は「軍人の亀鑑として永く帝国臣民の記憶に存すべきこと勿論なり」といい、義捐金《ぎえんきん》を募集して「或は銅像を作り、又は紀念碑を建設するかして、此無比《このむひ》の勇者が君国に捧げたる赤誠《せきせい》の紀念を永遠に貽《のこ》したい」と述べている。そして、東京日日新聞や時事新報では義捐金の募集広告を出すなどしていった。

しかし、戦争が終わって財部たちがいざその事業を本格化させようとしたところ、関係機関からは、それは公的事業ではないとして協力を拒否され、財部自身も斎藤実《まこと》海相から手を引くように忠告されている。そこで、海軍兵学校時代の広瀬の同期生の会である己《き》丑会《ちゆうかい》に事業の推進を依頼したのであったが、何をいまさら銅像だ、との意見も出るなど、財部以外の全会員は反対であった。しかし、むりやり吉川孝治、真田鶴松らに委員を押し付けることとして、彼らもしぶしぶ銅像の建設地を探すこととなった。海軍将校たちの親睦団体である水行社刊の雑誌『有終《ゆうしゅう》』昭和一四年一二月号には「広瀬中佐銅像建設秘話」という記事があり、そのような当時の回顧《かいこ》談《だん》が掲載されている。

「九段下靖国神社附属地《やすくにじんじゃふぞくち》、日比谷公園、両国橋小公園、高輪大木戸伊能忠敬《たかなわおおきどいのうただたか》先生の測量起点地、其《そ》の他二十箇所の候補地を定め、之《これ》が関係官憲《かんけん》の許可を得んとせしが、何《いず》れも拒絶せられたり。中には一《いっ》笑《しょう》に付し、広瀬の銅像とは事可笑《ことおか》し、と嘲《あざけ》る人もあり。当時、上野公園は宮内省

万世橋駅前の広瀬中佐銅像

の管轄なりしを以て、予《よ》は吉川と同行、公園課長股野琢《またのみがく》氏を訪《とぶら》ひ、之《これ》を願ひしに、股野氏は予《よ》の言《げん》の畢《おわ》るを待たず、首を左右に振り、それは断じてなりませぬ、の一言を酬《むく》ひたるのみにて更に言なし」

と真田は述べている。結局、その後思いがけない方向に転じて、予定外の神田の万世橋の傍《かたわら》に建設することとなり、さらに紆余曲折《うよきょくせつ》の末、明治四三年（一九一〇）五月二九日についに除幕式を迎えることができた。当日は海軍次官となっていた財部彪が最初に建設報告を行ない、小笠原が担《かつ》ぎ出した東郷平八郎大将が式辞を述べて式典への権威付けが行なわれたが、世論の軍神広瀬への熱狂はすでにさめていた。

尋常小学校読本と小学唱歌による宣伝

小笠原長生による軍神広瀬中佐の宣伝活動は、しかしその後も継続された。それが教科書や唱歌の中での宣伝である。日露戦争後、小笠原は、文部省教科用図書調査委員会主査や、文部省小学唱歌調査特別委員なども兼任して、教育行政への関与を深めていく。そして、自らも教科書用の短編を執筆しており、その中に、第二期（一九一〇—一七）以降の国定国語教科書の尋常小学読本の中に「広瀬中佐」と題する短編が収められたのである。
部下の杉野兵曹長の安否を気づかう広瀬中佐の人物像は、その後、日本全国の小学児童の脳裏に焼き付けられていくこととなった。大正二年（一九一三）に完成した小学唱歌集に採用された尋常小学唱歌第四学年用の「広瀬中佐」の、次のような歌詞はそのメロディーとともに、戦前の日本のほとんどの子どもや成長した大人までもが広く親しむものとなっていった。

「轟《とどろ》く砲音《つつおと》　飛来《とびく》る弾丸《だんがん》
荒波洗《あらなみあら》ふ　デッキの上に
闇《やみ》を貫《つらぬ》く　中佐《ちゅうさ》の叫《さけ》び
杉野《すぎの》は何処《いずこ》　杉野は居《ゐ》ずや」

そして、これは小笠原にとって決して偶然の展開ではなく、明治三七年（一九〇四）の広瀬中佐の死亡の時点からすでに構想されていた宣伝方法であったと考えられる。前述のように（4）の明治三七年（一九〇四）四月一日付「東京朝日新聞」に「熱心同情生」の匿名《とくめい》で投稿した「広瀬中佐銅像」の記事の中で、彼はすでに「或《あるい》は詩歌にて中佐を歌ひ、或は文章にて中佐を伝ふるは、貴社の如き必ず御如才《ごじょさい》なきことならんが、中佐の儀表《ぎひょう》を銅にて鋳《つく》りて、後世子孫の渇仰《かつぎょう》の情を満足せしむるは、それにも拘らず、別《べつし》て必要の存することとなり。」と述べたあと、さらに「銅像の下にて中佐を詠じたる詩歌を誦し、中佐を伝えたる文章を読み、感奮興起《かんぷんこうき》したる後世子孫中《こうせいしそんちゅう》に、猶又《なおまた》、中佐其人《そのひと》の如きものを生《しょう》ぜば、是又《これまた》中佐の功績なる可《べ》し」と述べているのである。

つまり、これらの唱歌を歌い、文章を読んだ子どもたちの中から、広瀬中佐のような「七世報国《しちしょうほうこく》」を誓い、部下の安否を気遣《きづか》う勇猛仁愛《ゆうもうじんあい》の軍人が再び出るように願う、と述べているのである。

お気の毒な銅像

しかし、やがてこの銅像は邪魔物扱いされていくことになる。銅像による偶像崇拝は西欧的模倣にすぎないという批判的な見方もあったとともに、その周囲の雑然とした状態からまさに銅像自体が閉塞船ならぬ閉塞状況にある、と嘆く新聞記事が写真とともに「東京朝日新聞」昭和二年（一九二七）三月二〇日夕刊に掲載されている。そして、昭和五年（一九三〇）一月一四日夕刊には、土管などの資材に囲まれた写真が、「見るもお気の毒な銅像の現状」として紹介されている。それよりも早くすでに、「読売新聞」大正一四年

(一九二五)八月一二日付の投書では、「鋳潰《いつぶ》して大砲の材料とする方が、むしろ勇士の霊が満足するであらう。いかに健忘症《けんぼうしょう》の国民とはいひながら、晨《あした》の賛称《さんしょう》、今《いま》の冷酷《れいこく》、あまりにひど過ぎる」と、その憤慨の気持ちが記されている。熱狂と冷淡の狭間にあって、多くの日本人にとって「広場と銅像」という不慣れな人物表象《じんぶつひょうしょう》が、関東大震災のあとの移動などを経ながら、世の移り変わりの中で所在なげに万世橋に立ち続けていた光景が、それらの記事からわかる。

平時の冷淡・戦時の高揚

満州事変と広瀬神社

戦時の高揚と平時の冷淡、その繰り返しが軍神の宿命である。昭和六年(一九三一)九月一八日の柳条湖の満鉄線路の爆破から始まった満州事変は、再び軍神広瀬中佐への注目を集めることとなる。教科書や唱歌で軍神広瀬中佐の存在を頭の中に刷り込まれた少年少女たちが、広瀬の命日にあたる三月二七日に万世橋の銅像を洗い清める行事が、昭和七年(一九三二)以降、例年「東京朝日新聞」などの新聞紙上でさかんに報じられるようになる。また、広瀬の死後三〇周年となる昭和九年（一九三四）三月には、財部彪大将を委員長とする盛大な記念式典が万世橋の広瀬中佐の銅像の前で挙行されている。翌昭和一〇年（一九三五）は日露戦争の戦勝三〇周年の年であり、銅像の洗浄や追悼顕彰の儀礼がさかんに行なわれている。こうして、日露戦後の建設の段階から大正期、昭和初期にかけて冷淡な対応がなされつつも、その一方では尋常小学校の教科書や唱歌によって広く知られていった軍神広瀬中佐の銅像が、満州事変という戦時下において再び脚光を浴びることとなったのである。

　そしてその一方、軍神広瀬中佐のためとして、あらためて神社創建への動きが起こってきた。昭和一〇年（一九三五）八月発行の『軍神広瀬中佐伝』に載せる広瀬神社創建奉賛会の昭和九年（一九三四）一月付の「広瀬神社創建趣意書」によれば、広瀬への賛辞とともに、「未曾有《みぞう》の重大事局に直面せる秋《とき》、神社を創設し其の忠魂《ちゆうこん》義膽《ぎたん》を祀《まつ》るは、啻《ただ》に軍神の霊を慰するに止まらず、亦以《またもつ》て我が民族精神の振作《しんさく》に資する處《ところ》、尠《すく》なからずと信ず」と述べており、神社の創建は広瀬中佐への慰霊のためだけに止まらず、我が民族精神の振作《しんさく》に資するためである、と言明している。つまり、軍神は壮絶死したその個人の慰霊のためよりも、むしろ軍人の亀鑑としてその後につづく勇猛果敢に七生報国を誓って突撃死する将兵を再度産み出し続けるための存在としての意味が期待されているのである。

そうして、日露戦争戦勝三〇周年にあたる昭和一〇年（一九三五）年五月、広瀬の故郷である大分県竹田町において広瀬神社が創建されたのであった。その創建奉賛会総裁は、海軍大将で当時明治神宮宮司となっていた有馬良橘であった。その有馬良橘こそ、あの旅順閉塞作戦で第一船の指揮官として第二船の指揮官広瀬武夫少佐とともに先頭に立って指揮していたかつての有馬良橘中佐であった。

神社という膨張装置

しかし、敗戦によって戦争の熱狂がもろくも崩れ去ると、万世橋《まんせいばし》の銅像はまもなく解体されてそのあとには何も残らなかった。それは西欧風の表象物《ひょうしょうぶつ》である広場とそこに立つ銅像という形態であったからではない。大隈重信の銅像や福沢諭吉の胸像はいまも大学キャンパスに残っているように、新しい西欧の文物もその意味づけと場所により受容され定着してきている事例も多い。やはり、軍事色の強い広瀬中佐の銅像や肉弾三勇士の銅像は、敗戦と占領の時代には存続は不可能であった。それらの多くは解体され一部がひそやかに別の場所で保存されていく例も中にはあった。しかし、その軍神たちの銅像の復活はもはや望めないであろう。

では神社はどうであろうか。敗戦後は確かにかつてのような尊崇《そんすう》の対象ではなくなり、多くが衰微《すいび》していった。しかし、神社はいまもその存在を続けつつ、その機能を潜在させている。かつては戦意高揚《せんいこうよう》から戦勝祈願《せんしょうきがん》へ、であったが、しかし戦後は、戦没者慰霊《せんぼつしゃいれい》から平和祈願《へいわきがん》にまで、その信仰の振幅《しんぷく》は大きい。神社は日本社会の伝統的な装置として多義的な意味を担《にな》いながら存在し続けている。その意味では、近代以降の軍人将兵を祀った神社というのは、平和祈願から戦意高揚、戦勝祈願まで、無限定的な意味拡大の可能性をもつ、ある意味では不気味な膨張装置《ぼうちょうそうち》であるといってもよい。そして、それが日本近代社会において、歴史の展開の中で生み出された宗教的装置であるかぎり、その全否定は不可能であり、また全肯定は軍事的な膨張と悲惨な敗戦へと歩んだ日本近代史が教えているように非常に危険である。

そのような観点からするならば、明治以降の近代になって創建された軍人祭祀の神社に対しては、それを常に冷静で理性的な対応を必要とする歴史的な文化資源であるとして、注意深く冷静かつ礼節をもって扱っていくことが肝要であろう。そこで不可欠なのは死者を利用したがる生者への監査の眼をしっかり磨きながらという国民的な姿勢である。

3 真珠湾の九軍神

一二月八日の真珠湾攻撃

昭和一六年（一九四一）一二月八日の早朝、ラジオのアナウンサーの興奮した声が聞こえてきた。「臨時ニュースを申し上げます。臨時ニュースを申上げます。大本営陸海軍部午前六時発表、帝國陸海軍《ていこくりくかいぐん》は本八日未明《ほんようかみめい》、西太平洋において米英軍と戰闘状態に入《い》れり」という放送である。

そのシーンは、いまもテレビや映画でときどき流されており、当時の体験者だけでなく、戦後の映画やテレビの視聴者にも記憶に鮮明なところであろう。そして、次の午前一一時一〇分の大本営発表では、「帝國海軍は本八日未明、布哇《ハワイ》方面の米國艦隊並《ならび》に航空兵力に対《たい》し、決死的大空襲を敢行せり。」と、ハワイ真珠湾への攻撃が行なわれたことが明らかにされた。それから一〇日後の一二月一八日の大本営発表は次のような内容であった。

まず、「一、布哇《ハワイ》海戰の戰果に關《かん》しては、確報接受《かくほうせつじゅ》の都度《つど》發表しありたるところ、攻撃實施《じっし》部隊の目撃竝《ならび》に攻撃後の寫眞偵察等《しゃしんていさつとう》により、左の通りの綜合戰果《そうごうせんか》を擧《あ》げ、米太平洋艦隊竝《ならび》に布哇方面敵航空兵力《ハワイほうめんてきこうくうへいりょく》を全滅せしめたること判明せり」と、ハワイ真珠湾攻撃の赫々《かくかく》たる成果を列挙している。

そして、「二、同海戰において、特殊潜航艇《とくしゅせんこうてい》をもつて編成せる我が特別攻撃隊は、警戒《けいかい》嚴重《げんじゅう》を極むる眞珠港内《しんじゅこうない》に決死突入し、少なくとも前記戰艦アリゾナ型一隻を轟沈《ごうちん》したる外《ほか》、大なる戰果を擧《あ》げ、敵艦隊を震駭《しんがい》せり」と述べ、「三、我方の損害＝飛行機二九機、未だ歸還《きかん》せざる特殊潜航艇五隻」と報じている。つまり、特殊潜航艇をもって編成した特別攻撃隊が大きな戦果をあげたことを強調し、日本側の損害は飛行機二九機と、未帰還の特殊潜航艇五隻のみであるというのである。ここにはじめてハワイ真珠湾攻撃の事実が報じられているのであるが、その詳細は緒戦の機密保持の必要性もあってか、これ以上は明らかにされることはなかった。そして、戦線はアジア太平洋各地へとその後大きく拡大していったのである。

大詔奉戴日と九軍神の報道

一二月八日の開戦以降、毎月八日は「大詔奉《たいしょうほう》戴日《たいび》」として、宣戦《せんせん》の詔書《しょうしょ》を奉読《ほうどく》し、戦いの決意を新たにする日、と定められていた。その開戦から三ヵ月後の大詔奉戴日である三月八日を前にして、三月七日の各新聞はその前日、三月六日午後三時の大本営発表の内容を大々的に報じた。

ハワイ真珠湾への強襲《きょうしゅう》と軍神九柱《ぐんしんきゅうはしら》の忠烈《ちゅうれつ》についての一斉報道《いっせいほうどう》であり、各紙ともに第一面のすべてを割《さ》いて「偉勲《いくん》輝く特別攻撃隊」などの見出しでその詳報《しょうほう》を掲載している。その九《きゅう》軍神《ぐんしん》とは、海軍中佐岩佐直治（大尉）、少佐横山正治（中尉）、同古野繁美（中尉）、大尉広尾彰（少尉）、特務少尉横山薫範（一等兵曹）、同佐々木直吉（一等兵曹）、兵曹長上田定（二等兵曹）、同片山義雄（二等兵曹）、同稲垣清（二等兵曹）の九人である。

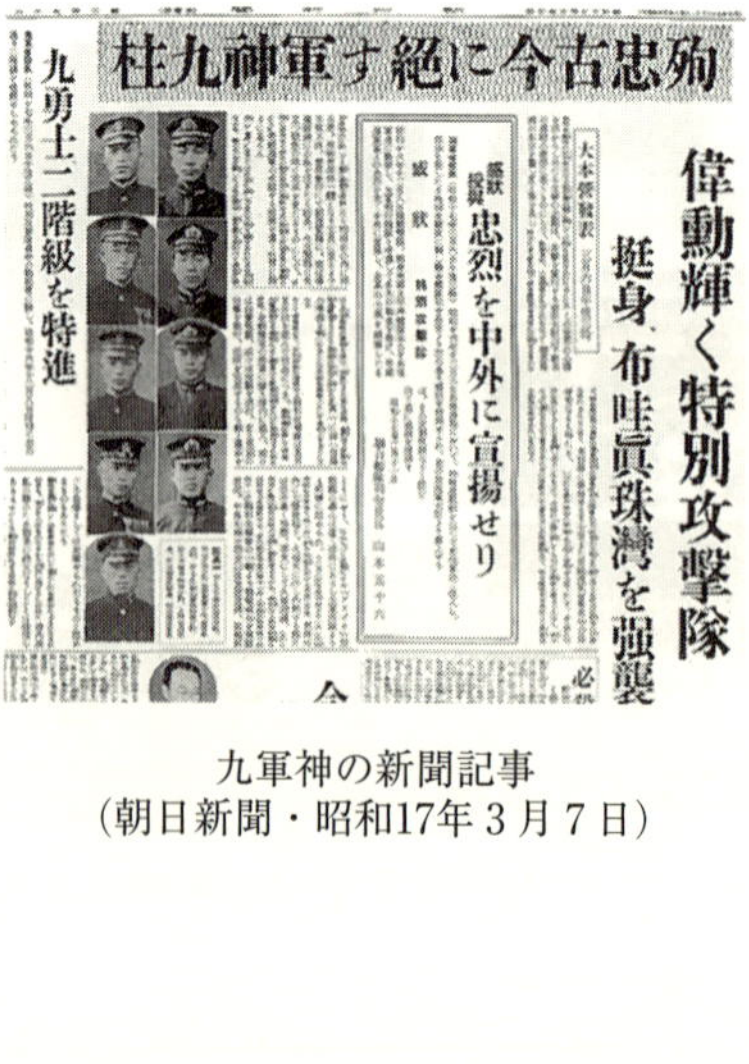
殉忠古今に絶す軍神九柱

偉勲輝く特別攻撃隊

挺身、布哇眞珠灣を強襲

忠烈を中外に宣揚せり

九勇士二階級を特進

九軍神の新聞記事
（朝日新聞・昭和17年3月7日）

五隻の特殊潜航艇に二人ずつ乗船したはずであり、戦後になって一名の捕虜の存在が判明するが、それについてはここでは完全に秘匿《ひとく》されている。この報道は作戦決行からすでに三ヶ月を経過した段階であり、まさに満《まん》を持《じ》しての盛大なキャンペーンであった。しかし、そこにはいくつかの矛盾点が垣間見《かいまみ》える。それは何か。まず、三月六日の大本営発表は次のとおりであった。

「特別攻撃隊の壮烈無比《そうれつむひ》なる真珠湾強襲《きょうしゅう》に関しては、既《すで》に公表せられたるところ。この世界の心胆《しんたん》を寒からしめたる攻撃の企図《きと》は、攻撃を実行せる岩佐大尉以下数名の将校の着想に基くものにして、数箇月前、一旦緩急《いったんかんきゅう》あらばこれを以って、尽忠報国《じんちゅうほうこく》の本分を尽《つ》くし度《たし》と案《あん》を具《ぐ》し、秘《ひそ》かに各上官を経て連合艦隊司令長官に出願せるものなり。連合艦隊司令長官は慎重検討の結果、成功の確算《かくさん》あり、収容の方策《ほうさく》また講《こう》じ得るを認め、志願者の熱意を容《い》れることとせり。本壮挙《ほんそうきょ》に参加せる下士官また帝国海軍優秀者中の最優秀なる人物たり。いづれも参加将校の平素《へいそ》より固《かた》く信頼せる部下にして、各上官と生死を共にすることを念願しありしをもって、今回の企図に際しても特に志願者を募《つの》ることなく、淡々たる心境のうちに上官よりそれぞれ隊員として参加せしめ度旨願《たきむねねがい》い出《い》で、連合艦隊司令長官より、希望通り参加を命ぜられしものなり。」

（傍線筆者）

帰還か決死か、志願か命令か

これを注意深く読めば、この作戦は、次の三点が確認されていたことになる。

①岩佐大尉以下数名の将校の着想によるものであったこと

②下士官は志願者を募《つの》ったのではなく上官が指名した者であったこと

③成功の確算があり収容の方策が講じられるものとの判断により、連合艦隊司令長官が志願者の熱意に応えて命令を発したこと

しかし、これらのうち、まず③は、事実とは乖離《かいり》したものといわざるを得ない。同日の「朝日新聞」紙上でも、海軍魂を讃える五大将の談話で「生還《せいかん》念頭になし」(有馬良橘大将)、「淡々たり必死行《ひっしこう》」(末次正信大将)、「宛《あた》ら人間魚雷《ぎょらい》」(井出謙治大将)などと語られているとおり、死を覚悟の出撃であり、生還収容の可能性など微塵《みじん》もなかったはずである。それは三月六日夜に海軍報道部第一課長平出《ひらいで》英雄大佐がラジオで発表した大本営発表の解説の中でも、「死あって生なき門出にあっても」とか、「この勇士達は『帰る』とか『万一にも生きて』という如き言葉は口にすべきでないと考えてゐたのでありましょう」、また「普通の出陣には『行って参《まい》ります』と上官に申告するのでありますが、その日勇士たちは『何何中尉、あるゐは何何少尉ただいまより征《ゆ》きます』と力強く述べ『行って参りま

す』とはいはなかったのであります」と解説しているところからも明らかである。

司令長官の出撃命令という戦略的に練り上げられたはずの作戦が初めから将兵の帰還の可能性のない決死行為であってはならないとする冷静な軍略的《ぐんりやくてき》視点と、ただただ自己犠牲の精神と突撃死を美化し陶酔《とうすい》する視点との、両者が海軍内部にも存在したことが推察される。しかし、情緒的な刺激を前面に出すこのような報道で情報的に包まれていく国民世論にあっては、後者の視点だけが肥大化していくだけであった。

そして、②の事実は報道の熱狂の中でかき消されてしまう。上記の平出大佐の大本営発表の解説においても、よく注意して読

九軍神の葬儀

めば、

「今や、アメリカ側の報道などを加味して私の想像により、その攻撃の模様を申し上げようと存じます。」

と述べており、その解説は多分に彼の想像上のものであって、その他の伝聞情報にしても、確証の得られるものは少ない。そうした中で、参加の下士官はいずれも最優秀の者にして上官と生死を共にすることを念願していた、という情報が報道の上で優先され、それがそのまま国民世論の中にも共有されていくことになったのである。

肝心の①についても、確証がないままこの発表だけが共有されていく。しかし、国家予算の計上も必要不可欠であるはずの特殊潜航艇の設計から建造までを含むこれほどの重要な大作戦を、大尉や中尉レベルで構想発意することなど非現実的である。この真珠湾奇襲作戦は、このとき日露戦争開戦時の旅順港閉塞作戦に例えられているが、日米開戦へというこの枢要なる作戦を熟慮構想したであろう、その責任ある軍令部参謀たちの姿はいっさい見えてこないのである。そして戦後の現在に至るまでそれは隠蔽されたままなのである。

特殊潜航艇の呼称

また、この真珠湾攻撃作戦を実行した将校下士官に対する呼称の上でも、関係者の間における微妙な立場の差異が現れている。三月七日付の「朝日新聞」は第一面の右上部にとくに「特別攻撃隊の呼び方」という見出しをつけて、

「この特別攻撃隊の名称はかの軍神広瀬中佐の「旅順閉塞隊」と同じく、固有名詞として永く国民の記憶に留めようためなので、岩佐中佐以下九柱の功績を称へる場合は、必ず『特別攻撃隊』の名称を用ひ、例へば「特殊潜航艇」などの如き勝手な呼び方をして英霊の事跡を汚さぬやう国民は自戒すべきである。」

と述べている。しかし、先の一二月一八日の大本営発表ではすでにみずから「特殊潜航艇をもつて編成せる我が特別攻撃隊は」と述べているのであり、海軍内部にあっても、「特殊潜航艇」という呼称を避けようとする立場と、それをとくに避ける必要性を認めない立場とがあったことが推定される。

「特殊潜航艇」という呼称をさけようというのは、真珠湾攻撃が宣戦布告なき卑劣な奇襲攻撃であり、しかも特殊潜航艇というのは考え方によっては卑怯な攻撃方法である、つまり、「卑怯なジャップ」というアメリカ世論へ向けた対抗姿勢の意味をこめたものであ

り、先制攻撃ではあっても帝国海軍の正々堂々たる作戦遂行であったと位置づけたい立場の主張であると考えられる。その立場は、前述の、決死か帰還か、という視点の相違との関係にも対応している。特殊潜航艇という呼称を避けて特別攻撃隊とするAタイプとは、決死の作戦遂行であったとする立場である。

それに対して真珠湾攻撃は大きな戦果を挙げた作戦成功であり、特殊潜航艇という技能も大いに評価できるとするのが帰還の可能性ある作戦遂行である。これをBタイプとすると、このAとBという二つの立場がありながらも、情報が情報を生み、情緒的に伝達されながら拡大されていくという現象に対しては、当時の熱狂の中にあって、冷静な観察と分析の視点というのは、先の軍神広瀬中佐の場合と同様に、当時においては至難のこと、ほとんど不可能であったであろう。しかし戦争の熱狂が覚め、とくにみじめな敗戦を経験した後の段階では、あらためて、A、Bそれぞれの情報発信と情報伝達に関する現場的な情報をていねいに集めるところからその動向に対する公正な分析視点が得られるはずであった。しかし、戦後は戦後で、占領下の混乱の中、非軍事化、民主化の大潮流の中で、戦時の個別の作戦の検証など顧みられることなどまったくなかったのである。

軍神の母

先の三月六日の夜に行なわれた大本営発表に続く平出大佐の解説の中でとくに目立つのは、特別攻撃隊の勇士たちへの称賛のあとにつづく母親の感化の話題である。そこにも情緒優先の思考法がめだつ。

「ここに銘記しなければなりませんことは、かかる己を滅して、国家に殉《じゅん》ずる犠牲的大精神は、偉大なる母の感化によるところ大であることであります。勇士達はいづれも申合《もうしあわ》せたやうに親孝行で有名でありました。ある勇士は休暇になれば、短い時間の時でも必ず実家へ帰り、母親にお伴《とも》して一日を送るのが何よりも楽しみだったといふことでありますが、これによってもその一端《いったん》を窺《うかが》ふことが出来ませう。それだけに母親が勇士達を慈《いつく》しみ育てた蔭《かげ》の力は絶大で、ここに家のため夫のため、子供のため己を顧《かえり》みずして

軍神の母 ④

暁から楮の皮剝ぎ
笈を背に力仕事
夫を説き愛児を中學へ

上田兵曹長

軍神の母（朝日新聞）

働《はたらき》を続け、そこに無上の幸福を見出す、母親の献身的な精神感化が偉大な力となって勇士達のなかに生長してゐたのであります。かかる偉大なる日本の母親なくして、どうしてこのやうな純忠《じゅんちゅう》な益良夫《ますらお》が生れませう。己《おのれ》を空しくして子供の中に生きる母親はすなはち国家の中に生きる母親であります。」（傍線筆者）

そして、「朝日新聞」は三月一二日から三月一八日まで、「軍神の母」というコーナーを六回シリーズで設けて九軍神の母親の記事を連載しいずれも美談に仕立てている。

上田定兵曹長

その「軍神の母」シリーズの第一回目は、三月一七日付の上田《かみた》定《さだみ》兵曹長《へいそうちょう》の母親の上田さくさんの紹介であった。上田定兵曹長の名前は「かみた　さだみ」と読むのが正しく、先の三月七日の「朝日新聞」の「うえだ　さだむ」というルビは明らかにまちがいである。彼の出身は広島県山県郡川迫村（現北広島町）である。先の平出大佐の解説で、「休暇になれば短い時間の時でも必ず実家へ帰り、母親にお伴して一日を送るのが何よりも楽しみだった」という、ある勇士とは、ほかならぬこの上田定兵曹長（当時二六歳）のことであった。三月一七日付の「軍神の母」シリーズ第一回目の記事は、「暁《あかつき》から楮《こうぞ》の皮剥《かわは》ぎ　笯《かご》を

背に力仕事《ちからしごと》　夫を説き愛児を中学へ」という見出しで、さくさん（当時五〇歳）が、苦しい家計の中で懸命に働いて学資《がくし》を稼《かせ》ぎ、定《さだみ》少年を中学に進学させ、さらに海軍軍人へと育てたエピソードが記されており、母親の愛情が立派な美談として描かれている。そして、「嗚呼《おお》遂《つい》に軍神に！　思ひもかけぬ母の愛の勝利だ。さくさんの労苦はあまりにも目出《めで》たい空前ともいふべき実を結んだのだ。全村あげての讃仰《さんぎょう》の中にさくさんは、〝有難い軍神にさせて戴いたのもこのおかげです。いつまでも忘れないために〟、と今も従前《じゅうぜん》通り笼《かご》を背負ひ、定《さだみ》少年在《あ》りし日のごとく、重い木材運びにわが子定軍神を偲んでゐる。」と結んでいる。

軍神が、戦争勃発のタイミングで創り出されるしくみについては、先の広瀬中佐の事例でみたとおりである。この九軍神たちも同じような条件下で創り出された軍神といってよい。そして、美談に包まれる軍神たちの実際の人物像とはどのようなものなのか、美談に仕立てられている母親たちの本当の気持ちとはどのようなものであったのか、これらの新聞報道やその他の単行本などで、語り記される人物伝にどれほどの事実が含まれているのか、それらを確かめる方法はないのだろうか。

広瀬中佐の場合は、残念ながら明治以来、長い時間が経過してしまい、直接その関係者たちからの情報収集は不可能である。しかし、この軍神上田定兵曹長の場合は、幸いなことに、一部の限られた情報ではあるが、まだ独自の情報収集が可能である。それは、彼自身の書簡と身近な関係者の語りが存在するからである。創《つく》られる軍神の虚像と実像という歴史や民俗の伝承の上でも重要な問題について、以下で若干の考察を試みておきたい。

両親宛の書簡

「ご両親様には、時局益《ますます》重大にして大国難《だいこくなん》の折柄《おりから》、故郷に有《あ》って国難打開に御懸命の事と存じます。不肖《ふしょう》定《さだみ》は身を海軍に於《おい》て約八年、日夜軍ム《ぐんむ》に精励致《せいれいいた》し来ましたが、今《こ》の度《たび》は我が国未曾有《みぞう》の大国難に、身を以て一部分たりとも打開すべく、決死隊の一員として出発する事と相成《あいな》りました。今《こ》の上《うえ》は一意専心《いちいせんしん》、敵撃滅を念頭に自己の任ム《にんむ》を滅死《めっし》完《まっと》うし、以て七生報国、以て国難に殉ずる覚悟です。今朝《けさ》新《あらた》に之《これ》と云って申し置く事とてありませんが、在世中《ざいせいちゅう》の不幸をわび、此《こ》の機を以て報恩《ほうおん》の万分の一にもと思います。終《おわり》に御両親様の御長寿生《ごちょうじゅせい》を御祈り申上げつつ拙《つたな》き筆をとめます。

身の廻り品は明宿左記　呉市西□河通六丁目　山根生花商　□、トランク一、手サゲ鞄一、《(ママ)》ツツにて、トランク内には貯金通帳に（約二百円）、手サゲ鉋現金約八十円位、有《あ》る事《こと》と（本の間（ママ））存じます。
妹《いもうと》　並《ならび》に弟《おとうと》え
不肖兄《ふしょうあに》の無《な》き後《あと》は、今迄《いままで》より一層孝行をして、兄の前《まえ》もお前達《まえたち》でやって呉《く》れ。お前達皆で力を合せて年老ひし御両親に心配を懸《か》けない様にして、仲良くお互《たがい》の助《す》け人《と》につて（ママ）兄無き後は暮々《くれぐれ》も頼む。御両親はお前らの事を（ママ）一番心配して居られる。暮々も心する事。では皆元気でやって、兄の分《ぶん》も共《とも》の忠孝を励《はげ》んで呉《く》れ。」

これが、出撃前の上田定兵曹長が、両親と弟妹《ていまい》に宛てた最後の手紙である。「一二月七日」の日付があり、封書の宛名は父親の「上田忠右ヱ門様」、そして「必親展《しんてん》」とある。鉛筆の走り書きのようで、後半はやや字も乱れており、出発前の短時間に書き残されたものと思われる。両親への最後の言葉は長寿への願いであり、先に逝《ゆ》く不幸への謝罪とお侘《わ》びの気持ちは「国難」という語の頻出によってよくうかがえる。

先の大本営発表に続く平出大佐の解説や、朝日新聞の「軍神の母」シリーズの記事においても、この上田定兵曹長が特別な親思いの孝行息子であったことが強調されているが、その点についてはこの最後の手紙からもよくわかる。そしてこの手紙以外にも両親に宛てた七通の手紙が現在残っているが、それらのふだんの手紙にも必ず両親の健康と長寿への願いが書かれており、彼が心底からの親思いの青年であったことはよくわかる。そして、それは当時を知る近所の古老たちのよく記憶しているところでもあり、かつ弟妹も記憶しているところであってまちがいはない。

母親の心情

では軍神の母と称賛された、さくさんの真の心情はどうであったのか。たしかに先の新聞記事や、その後さかんに作られた出版物や紙芝居などでは、もちろん立派な軍神の母としての称賛が繰り返され、軍神を出した郷土の誇りが語られている。たとえば、秦賢助《はたけんすけ》という著者の『軍神九勇士　特別攻撃隊』[1]では、当時の増本隆一村長は、

「故上田定兵曹長の遺勲《いくん》を聞いて、われわれは、一村としての名誉ばかりではなく、広島県全体の名誉として、この上ない誇《ほこり》と、感激を覚えました。三百年来の、質素剛健にして、尚武《しょうぶ》の気風は、本村の伝統であります。さうして、広島県、教化の中心ともなってゐます。近年は兎角《とかく》すると、すべてが、物質主義、唯物主義に走って、尚武の精神が、衰退の傾向にありましたが、上田兵曹長の如き、歴史に燦《りん》と輝く人物を

生んだことによって、県下町村の教化にもたらす影響は、大なるものがあると信じます。」

と語っており、また、国民学校時代の田中勝人訓導《くんどう》は、

「私の教へ子から軍神がうまれようとは、教師の名利《みようり》、これに過ぎるものはありません。これ以上のよき教材はありません。決死隊でなく、生死を超越したこの殉国《じゆんこく》の大精神―それは、人ではありません、まさしく、神ではありませんか…」、

そして、出身校の新庄中学校の上田稲吉校長は、

「本校は、大体《だいたい》吉川元春贈位《ぞうい》記念《きねん》に創立されただけに、学校の授業も、毛利元就の三《みつ》矢《や》の訓《おしえ》を採《と》り入れて、自己を犠牲にする一致団結を校訓として、私達は、死をもって、皇道《こうどう》を扶翼《ふよく》する精神を説いてきただけに、私の平素の理想が実現されたやうな気持です。」、

と語っている。

もちろん、これらの語りには、著者による潤色や脚色があり、彼らの語りがこのままであるかどうかは留保しておいてよい部分もあろう。しかし、一様に軍神の偉業と母親の偉大さを称賛する気持ちの高揚が当時の人たちの間にあったことはまちがいあるまい。そし

て、先の朝日新聞の「軍神の母」シリーズの中で、母親のさくさんの語りとして紹介されているのは、「有難《ありがた》い軍神にさせて戴《いただ》いたのもこのおかげです。いつまでも忘れないために」という言葉である。はたして、この言葉の背景にはどんな思いがこめられていたのであろうか。書かれた歴史からみるかぎり、このような母親と子供の美談に満ちた人物像だけが情報として伝えられ広く共有されていくことになりやすい。

しかし、実際に現地の古老たちがよく記憶しているのは、別である。それは、わが子を亡くした母親さくさんの痛烈な悲しみと怒りの表現であった。三月七日の九軍神の報道をうけて慶《よろこ》びに満ちて祝福に訪れた村長に対して、母親のさくさんが、たいへんな剣幕で「おごりかかった（怒りをあらわにして迫った）」というのである。

「あんた（あなた）には、おめでたいことかも知れんけど、わし（わたし）のためには、さだみの命を、国に捧げたことは、いっそ（ちっとも）おめでたいことじゃありません。あんたには親の心はわからんでしょう。はあ、えっと言わんこう（もうたくさんお話にならないで）、往《い》んでくれんさい（帰ってください）。志願したわけじゃない、上の命令で行かずにならなくなった…、さだみは、しかたなしと言うとった…」。

これは、近所の誰一人知らないものはないほどの、「おおばなし（たいへんな話題）」になったということである。

「増本村長が、〝かみたや（上田家の屋号）〟のおばあさんにやりこめられて、ほうほうのていで帰ったそうな」

という話が広がり、女丈夫《おんなじょうぶ》で知られた、さくさんの言葉を聞いた近所の人たちはみんな強く胸を打たれたという。戦時下のこと、そんなことは言ってはならないことと思いながらも、さくさんの、悲痛と激情については母親としてもっともだとみんな思ったというのである。

しかし、それからまもなく、軍神の生家となった上田家《かみたけ》には、各地からの「軍神の生家《せいか》もうで」があいつぐようになる。世間の眼や社会の要請にこたえざるをえず、真夏の暑い日でもよそいきの着物でかしこまって訪問客に対応するさくさんの姿が痛々しかったという。

もちろん、このような話は記録になど残されていないし、声高《こわだか》に話す人もいなかった。ただ当時の体験者たちの記憶に強く残っているだけである。そして、戦後の長い時間の経過の中で、それを覚えている人たちももう数少なくなっている。その昭和一七年（一九三二）三月当時、この村に嫁入りしたばかりでこの話を聞いた女性も、もう米寿の八八歳を迎えている。

このような、上田兵曹長の手紙や、当時の近所の目撃談や見聞談などの、現場的な情報からわかるのは、やはり、真珠湾攻撃というのは、はじめから帰還の可能性のない決死行であったということ、下士官の場合は志願ではなく上官からの命令に従った出撃であったこと、などがわかる。そして、何よりも重要なのは、書き残されることのない、さくさんのような軍神の母親たちの真の心情と、その悲痛と激情の表現、というような歴史事実は、多くの場合、新聞報道や雑誌や書籍の記事による大量情報流通をもとに記述される歴史書の編纂という作業の中では、二度と確かめることのできないような闇の中に消えてしまう、ということである。民俗学をはじめとする広義の歴史学の射程とは、このような新聞や書籍に書かれることのない事実にも注意を怠らないものでありたいと思うしだいである。

慰霊碑と遺品館

現在、広島県北広島町の上田兵曹長の生家では、弟の上田武三氏（昭和七年生）が家を継いで農業を営んでいる。家の前の国道沿いに御影石の大型の慰霊碑と遺品館が建てられている。この慰霊碑は、没後三〇年を前にして昭和四五年（一九七〇）に郡や町の遺族会の働きかけなどによって建てられたもので、遺品館の建設はそのおよそ一年後であった。それまで家の神棚の下に納めてあった遺品類を収納することとなった。現在、上田家ではかつてと同じく家の中の神棚の下、仏壇の横に、遺品館に納められているのと同じ上田兵曹長の写真が飾られており、毎日の礼拝の対象とされている。そして、没後これまで欠かさず一二月八日の命日には、近くの浄土真宗寺院の住職に来てもらい念仏をあげている。それは、両親のときから変わらずに行なっていることで、今も武三さんの耳に残っているのは、母親さくさんの、「兄のことは決して忘れないで…」、という言葉だという。

先の朝日新聞の「軍神の母」の記事の中にみられた、さくさんの「有難《ありがた》い軍神にさせて戴いたのもこのおかげです。いつまでも忘れないために」の言葉のうち、前半は当時の社会に対する言葉であり、後半の「いつまでも忘れないために」という言葉こそが真の思いであったと考えられるのである。開戦当初の熱狂、戦後の冷淡、はげしい感情の起伏に包まれながら流れる歴史の中で、否応なく当事者となってしまったのが軍神の家族である。上田武三氏は、兄の五十回忌を前に平成二年（一九九〇）に、他の軍神の遺族たち七名とともに、ハワイの真珠湾をはじめて訪れた。沈没したアメリカ戦艦の上に建つアリゾナ記念館に献花して米兵への慰霊と追悼を念じたあと、兄が亡くなった湾内に花と米と酒を捧げた。そのとき、「骨を拾ってやりたい」という思いが腹の底から湧き上がってきたという。

「パール・ハーバーも原爆も、二度とあってはならない。戦争でいつも犠牲になるのは、庶民だから」。広島市に本社のある中國新聞が、平成三年（一九九一）に日米開戦五〇年を記念して組んだ「パールハーバー・ヒロシマ、重い戦後、軍神」の特集記事の中で語っている、寡黙《かもく》な上田武三氏のかけがえのない一言である。

I 葬儀の歴史と民俗 註・参考文献

（1）新谷尚紀『なぜ日本人は賽銭を投げるのか』文春新書　二〇〇三年
（2）M・モース『贈与論』（原著一九二四年）有地亨訳　勁草書房　一九六二年
（3）新谷尚紀『ケガレからカミへ』木耳社　一九八七年（新装版　岩田書院　一九九七年）、「死とケガレ」『往生考』小学館　二〇〇〇年、『神々の原像』吉川弘文館　二〇〇〇年
（4）柳田國男「蝸牛考」『定本』第一八巻　筑摩書房
（5）柳田國男「先祖の話」『定本』第一〇巻　筑摩書房
（6）折口信夫「国文学の発生（第三稿）」『全集』第一巻、「古代研究」『全集』第二巻　角川書店
（7）水原洋城『猿学漫才』光文社　一九八八年
（8）伊谷純一郎「老い―生物と人間」『老いの人類史　老いの発見』岩波書店　一九八六年
（9）ラルフ・ソレッキ『シャニダール洞窟の謎』（原著一九七一年）香原志勢・松井倫子共訳　蒼樹書房　一九七七年
（10）河合信和『ネアンデルタールと現代人』文春新書　一九九九、奈良貴史『ネアンデルタール人類のなぞ』岩波ジュニア新書　二〇〇三年
（11）海部陽介『人類がたどってきた道』日本放送出版協会　二〇〇五年
（12）新谷尚紀「貨幣には死が宿る」『お金の不思議』山川出版社　一九九八年、「民俗学の王権論」『支配の古代史』学生社　二〇〇八年
（13）今村仁司「貨幣とは何か？」『お金の不思議』山川出版社　一九九八年
（14）嶋根克己「葬送儀礼と墳墓の社会的変容」『墓からさぐる社会』雄山閣　二〇〇九年
（15）注12に同じ
（16）新谷尚紀「両墓制と葬送墓参」『両墓制と他界観』吉川弘文館　一九九一年

(17) 秋山章編『南方海島志』寛政三年(一七九一)、最上孝敬『海村調査採集手帖』一九三七年、大間知篤三『伊豆諸島の社会と民俗』慶友社　一九七一年、新谷尚紀「赤不浄と黒不浄」『排除する社会　受容する社会』吉川弘文館　二〇〇七年

(18) 新谷尚紀「殯儀礼と遊部・土師氏」『生と死の民俗史』木耳社　一九八六年

(19) 石川日出志「縄文・弥生時代の焼人骨」『駿台史学』第74号　一九八八年、設楽博巳「縄文時代の再葬」『弥生再葬墓と社会』塙書房　二〇〇八年

(20) 森浩一「窯槨を主体施設とした火葬古墳の新例」日本考古学協会第二三回総会研究発表要旨　一九五九年、森浩一「大阪府和泉市聖神社カマド塚」『日本考古学年報』一二号　一九六四年、田代克己「大阪府茨木市上寺山古墳」『日本考古学年報』一四号　一九六六年、川村明雄「小野市中番東野群集墳調査報告」『兵庫県歴史学会会誌』七号　一九六一年

(21) 新谷尚紀「火葬と土葬」『民衆生活の日本史　火』思文閣出版　一九九六年

(22) 新谷尚紀「墓の歴史」『生と死の民俗史』木耳社　一九八六年

(23) 大江匡衡「浄妙寺願文」『本朝文粋』巻一三所収

(24) 註22に同じ

(25) 中村ひろ子「喪服の近代」『衣と風俗の一〇〇年』ドメス出版　二〇〇三年

(26) 最上孝敬「霊送りとその周辺」『霊魂の行方』名著出版　一九八四年、嶋田忠一「秋田県の葬送・墓制」『東北の葬送墓制』明玄書房　一九七八年、新谷尚紀「葬儀の深層」『日本人の葬儀』紀伊國屋書店　一九九二年

(27) 繁原幸子「人型に並べる四十九餅—焼津市本中根の例—」『女性と経験』三一号　二〇〇六年、私の調査事例でもたとえば京都府京田辺市内など、各地でかつてよく聞かれたが、明玄書房の『日本の葬送墓制』(全一〇巻)シリーズでも、福岡県、山口県、岡山県、高知県などでそのような事例が報告されている。

(28) 新谷尚紀「生と死の民俗—民俗学から見る日本人の死生観—」『伊那民俗研究』第一二号　二〇〇三年　にこの話題は掲載。

(29) 新谷尚紀『ケガレからカミへ』木耳社　一九八七年(新訂版　岩田書院　一九九七年)

（30）『秩父の通過儀礼』埼玉県立歴史資料館　一九八三年
（31）井上治代『墓と家族の変容』岩波書店　二〇〇三年、同『現代お墓事情』創元社　一九九〇年、小谷みどり『変わるお葬式、消えるお墓』岩波書店　二〇〇六年
（32）M・フーコー『性の歴史Ⅰ　知への意志』渡辺守章訳　新潮社　一九八六年
（33）藤目ゆき『性の歴史学』不二出版　一九九七年
（34）『近畿地方における中・近世墓地の基礎的研究』科研成果報告書　二〇〇一年、『国立歴史民俗博物館研究報告　大和における中・近世墓地の調査』第一一一集　二〇〇四年
（35）新谷尚紀「石塔と墓籍簿」『国立歴史民俗博物館研究報告』（生老死と儀礼に関する通史的研究）第一四一集　二〇〇八年
（36）山田慎也『現代日本の死と葬儀』東京大学出版会　二〇〇七年
（37）村上興匡「中江兆民の死と葬儀―最初の「告別式」と生の最終表現としての葬儀―」『東京大学宗教学年報』第二三号　二〇〇六年
（38）井上章一『霊柩車の誕生』朝日新聞社　一九九〇年
（39）石井研士『結婚式　幸福を創る儀式』日本放送協会出版　二〇〇五年
（40）新谷尚紀「儀礼の近代」『都市の暮らしの民俗学　三』吉川弘文館　二〇〇六年
（41）SHINTANI Takanori 'Aging Japan and the transmission of traditional skills and know-how', "The Demographic challenge: A Handbook about Japan", Brill Academic Publishers, Leiden, 2008.
（42）註36に同じ
（43）新村拓『在宅死の時代』法政大学出版会　二〇〇一年ほか
（44）その資料情報は『国立歴史民俗博物館資料調査報告書九　死・葬送・墓制資料集成』（東日本編一・二、西日本編一・二）一九九九年・二〇〇〇年（総計約二〇〇〇頁）に集成されている。

(45) 新谷尚紀『両墓制と他界観』吉川弘文館　一九九一年
(46) 関沢まゆみ「葬送儀礼の変化―その意味するもの―」『葬儀と墓の現在　民俗の変容』吉川弘文館　二〇〇二年
(47) R・エルツ『右手の優越―宗教的両義性の研究―』(原著一九〇七年) 吉田禎吾・内藤莞爾・板橋作美訳　垣内出版　一九八〇年
(48) 註46に同じ
(49) 近藤直也「カリヤの民俗」『葬送墓制研究集成5』名著出版　一九七五年、同「死者霊を対象とした通過儀礼」『日本民俗学』一五四号　一九八四年
(50) 新谷尚紀『生と死の民俗史』木耳社　一九八六年
(51) 注17に同じ
(52) 柳田國男「先祖の話」『定本』一〇巻、高谷重夫「餓鬼の棚」『日本民俗学』一五七・一五八合併号　一九八五年、喜多村理子「盆に迎える霊についての再検討」『日本民俗学』一五七・一五八合併号　一九八五年、関沢まゆみ「長老衆と死・葬・墓」『講座　人間と環境　九　死後の環境』昭和堂　一九九九年、同「長老衆と葬墓制」『宮座と墓制の歴史民俗』吉川弘文館　二〇〇五年
(53) 関沢まゆみ「長老衆と葬墓制」『宮座と墓制の歴史民俗』前掲、同「宮座祭祀と死穢忌避―伝統社会の生活律―」『排除する社会　受容する社会―現代ケガレ論―』吉川弘文館　二〇〇七年。
(54) 新谷尚紀「平安京と死穢の忌避」『両墓制と他界観』前掲
(55) 細川涼一編著『三昧聖の研究』碩文社　二〇〇一年
(56) 詳細は新谷尚紀『両墓制と他界観』前掲　に収録
(57) 米山俊直『集団の生態』日本放送出版協会　一九六六年
(58) 平田篤胤『仙境異聞・勝五郎再生記聞』岩波文庫　二〇〇〇年(『仙境異聞』一八二二年、『勝五郎再生記聞』一八二三年)

(59) 島薗進・鶴岡賀雄編著『〈宗教〉再考』ぺりかん社　二〇〇三年
(60) 新谷尚紀「都市と暴力」『都市の暮らしの民俗学　②』吉川弘文館　二〇〇六年
(61) トム・ギル「ニンビー現象における排除と受容のダイナミズム」『排除する社会　受容する社会―現代ケガレ論―』吉川弘文館　二〇〇七年
(62) 関根康正『ケガレの人類学―南インドハリジャンの生活世界』東京大学出版会　一九九五年
(63) 関根康正「ケガレ論」「討論」「あとがき」『排除する社会　受容する社会―現代ケガレ論―』吉川弘文館　二〇〇七年
(64) 一九九五年のオウム真理教による地下鉄サリン事件などによる社会不安と混迷の中で、宗教学の分野では、島薗進・石井研士『消費される宗教』春秋社一九九六年、国際宗教研究所・井上順孝『宗教教団の現在』新曜社一九九五年、川村邦光・中牧弘允他編『聖と俗のはざま』東方出版一九九六年、池上良正・中牧弘允『情報化時代は宗教を変えるか』弘文堂一九九六年の刊行など、その動向に対する対応が試みられた。
(65) R・エルツ「死の宗教社会学―死の集合表象研究への寄与」『右手の優越―宗教的両義性の研究―』（原著一九〇七年）前掲
(66) 佐藤伸彦『家庭のような病院を―人生の最終章をあったかい空間で―』文藝春秋　二〇〇八年
(67) 金玉浪「最近の死の処理方式に現われた韓国人の態度変化」『葬送儀礼と他界観の韓日比較』沖間文化研究所　二〇〇八年
(68) 関沢まゆみ「戦争体験者たちの老い」『隠居と定年―老いの民俗学的考察―』臨川書店　二〇〇三年
(69) 「大江戸幽霊談義」インターネット・マガジン『Sook（スーク）』http://www.magsook.jp　二〇〇七年
(70) 『国立歴史民俗博物館研究報告』第一四一集　二〇〇八年
(71) 『国立歴史民俗博物館研究報告』第一四八集　二〇〇八年
(72) 詳しくは、新谷尚紀『博物館と大学院―「神社とは何か」の研究展示から見えてきたもの―』（教育研究プロジェクト特別講義）総合研究大学院大学文化科学研究科日本文学研究専攻　二〇〇六年　参照のこと。なお、近刊の拙著『伊勢神宮と出雲大社』講談社メチエ選書　二〇〇九年に収録。
(73) J・N・ロベール「日本仏教の中の「生・老・死」」『往生考―日本人の生老死―』小学館　二〇〇〇年
(74) 新谷尚紀「性」『暮らしの中の民俗学①一日』吉川弘文館　二〇〇三年、同「都市と暴力」『都市の暮らしの民俗学②』吉川弘文館　二〇〇六年。
(75) 柳田冨美子「柳田家の「先祖の話」」『先祖の話』石文社　二〇〇八年
(76) 今井富士雄「柳田國男の日本民俗学」『成城文藝』一二九号　一九八七年
(77) 立花隆『生、死、神秘体験（立花隆対話篇）』書籍情報社　一九九四年

Ⅱ　慰霊と軍神　註・参考文献

慰霊と追悼

(1) 柳田國男「先祖の話」『定本柳田國男集』一〇巻　筑摩書房　一九六九年
(2) 「歴史における戦争の研究」一九九五～一九九七（代表　佐原真）（「人類にとって戦いとは」（代表　福井勝義）、「近現代の兵士の実像」（代表　藤井忠俊））、「歴史における戦争の研究」一九九八～二〇〇〇（代表　佐原真）（「知識体系と戦争」（代表　福井勝義）、「近現代の兵士の実像Ⅱ」（代表　藤井忠俊））。それらの成果が、『人類にとって戦いとは』全五巻（一、戦いの進化と国家の生成、二、戦いのシステムと対外戦略、三、戦いと民衆、四、攻撃と防衛の軌跡、五、イデオロギーの文化装置）東洋書林　二〇〇〇―二〇〇二、『国立歴史民俗博物館研究報告　近現代兵士の実像Ⅰ・Ⅱ』（Ⅰ村と戦場、Ⅱ慰霊と墓）二〇〇三　である。
(3) 塔倒しなどといって各地に見られたが、筆者の民俗調査でもたとえば大分県米水津村などで多く確認している。
(4) 註1に同じ
(5) ジョージ・L・モッセ『英霊　創られた世界大戦の記憶』（Fallen Soldiers: Reshaping the Memory of the World Wars

の宮武実知子による訳書）柏書房　二〇〇二年
（6）粟津賢太「記憶の場の成立と変容―欧米における戦没記念施設を中心に―」『新しい追悼施設は必要か』ぺりかん社　二〇〇四年
（7）宮地正人「伊吹廼舎と四千の門弟たち」『別冊太陽　知のネットワークの先覚者　平田篤胤』平凡社　二〇〇四年
（8）村上重良『慰霊と招魂』岩波新書　一九七四年
（9）新谷尚紀「慰霊と軍神　再考」『国立歴史民俗博物館研究報告』第一三二集　二〇〇六年
（10）大原康男『忠魂碑の研究』暁書房　一九八四年、今井昭彦『近代日本の戦死者祭祀』東洋書林　二〇〇五年
（11）二〇〇四年一二月に京都国際会館で開催されたワークショップ、International Workshop "Encounters with the Military war Dead" Van Bremen（ライデン大学教授）・原田敬一（仏教大学教授）共同主催）において、ヘブライ大学教授のベン・アリ氏をはじめとする研究者との研究交流による。
（12）注5に同じ
（13）注5に同じ

軍神の誕生

（1）新谷尚紀「人を神に祀る風習」『日本人の葬儀』紀伊國屋書店　一九九二年
（2）山村建徳『軍神』中公新書　二〇〇七年ほか
（3）新谷尚紀「怨霊と御霊」『国文学　解釈と鑑賞』六三―三（特集「古代に見る御霊と神仏習合」）至文堂　一九九八年
（4）関沢まゆみ「記録と語り―事実をどうつかまえるか―」『基幹研究「戦争体験の記録と語りに関する資料論的研究　平成一八年度第二回研究会報告・討論要旨集』国立歴史民俗博物館　二〇〇七年
（5）田中宏巳「忠君愛国的「日露戦争」の伝承と軍国主義の形成」『国史学』一二六号　國學院大學国史学会　一九八五年、同「軍神製造演出ノート「書かれざる戦史」小笠原長生日記」『新潮45』昭和六〇年五月号　一九八五年

真珠湾の九軍神

（1）　秦賢助『軍神九勇士　特別攻撃隊』鶴書房　一九四二年

あとがき

本書の第Ⅰ章は、高野山で平成一九年（二〇〇七年）に行なった夏の安居会《あんごえ》での講演（『高野山安居会講義録（第四三回）』高野山真言宗教務部二〇〇八年）をもとに編集したものです。そのような機会を与えていただいた高野山金剛峯寺座主・高野山真言宗管長の松永有慶師に、また関係者の皆様に、あつく御礼と感謝を申し上げます。

第Ⅱ章は、明治神宮の明治聖徳記念学会の論集に掲載の慰霊と追悼に関する文章（「民俗学からみる慰霊と追悼」『明治聖徳記念学会紀要』復刊第四四号　二〇〇七年）と、それとは別にかつて論じたことのある軍神をめぐる問題（「人を神に祀る風習」『日本人の葬儀』紀伊國屋書店一九九二年）についてあらためて書き下ろした文章、とからなっています。

死は人間にとって確率一〇〇パーセントの宿命です。地球の消滅も太陽系の消滅も、天文学の知見によれば同じく一〇〇パーセントです。誕生したものが死滅するのは宇宙の必然です。星も銀河も何十億年か何兆年かは別として、死滅してブラックホールへと向かうしかないのです。人間の生命時間と比較して単に時間の差があるだけです。

不老長寿が、実は悲惨と苦しみでしかない、ということは古代の浦嶋子伝説でも語られているとおりです。一人だけ不老長寿の身になったとしても、そこには誰一人知る人はなく、語り合える人もいません。若く美しく語りあい睦みあう男女たちの中にあって、自分だけひとりその仲間に入っていけずにとりのこされてしまうのです。かつて自分が愛しあい和みあった人たちはもうこの世にはいません。みんなあの世へと先に旅立ってしまっているのです。自分も一緒に旅立つしかなかったのです。

死が必然ならば、居直って生きるしかありません。自分の死から眼をそらさず、そむけない覚悟の生き方です。「怨憎会苦、愛別離苦」、そんな煩悩の中にありながらも、かけがえのないこの世の、二度とない人生を、充実したものにしたほうがいいのです。そして、六〇年か八〇年か人によってわずかな時間の差はありますが、やがて必ずお迎えがきます。そうしたら、この世の土産話をあの世へともって行けばよいのです。待っていてくれる人がいるかいないかはわかりません。しかし、この世に生まれた感謝の気持ちだけはもって行きたいものです。そして、この世に残る子や孫たちへの応援の気持ちももっていきたいものです。それが物理的には空しいものであることは百も承知の上でです。それでもそうした方がいいと思うのは、祖父母や両親をはじめ、みんな先祖たちがそういう教えを残しているからです。

民俗学の創始者、柳田國男の『先祖の話』が書かれたのは昭和二〇年（一九四五年）のことでした。僭越ながらそれにならい、時代背景の異なる現代の生と死の民俗に関する著作としてまとめてみたのが本書です。歴史の四〇年転換説というのは私の勝手な仮説なのですが、それと若干の関係があります。

その四〇年転換説というのは約四〇年で社会は大きく変わるという仮説です。それは、観念的な十進法による五〇年、一〇〇年という区切りではなく、人間の成人の目安である二〇年、壮年の四〇年、その倍だけ長生きしても八〇年、というそれぞれの時代を担っている人間の寿命にあわせた年代解釈法です。たとえば列強の圧迫の前に国際社会に弱々しく明治の船出をした一八六八年の日本が、その四〇年後の一九〇八年には日露戦争の勝利で世界の一等国の仲間入りをしていました。その四〇年後の一九四八年には日本は敗戦によって焦土と化していました。柳田國男が『先祖の話』を書いたころです。その四〇年後、一九八八年には経済大国日本となって国際貢献の必要性が叫ばれていました。次の四〇年後の二〇二八年の日本はどうなっているのでしょうか。そのような四〇年周期の大変化は、その真ん中の二〇年目に分岐点があります。その時点でだいたい次の方向性が暗示されています。一八八九年（大日本帝国憲法発布）、一九二八年（張作霖爆殺事件）、一九六八年（東大全共闘・パリ五月革命）、などが思い出されます。いま私たちは、その一九八八年から二〇二八年へという四〇年の中間点、分岐点の二〇〇八年に立っています。そして、その今とは、アメリカ発の世界的な金融破綻と産業危機、日本国内の社保庁をはじめとする官僚機能の破綻、信じがたいほどの戦後日本という国の無責任体質が露呈してきている年なのです。

柳田國男は、民俗学は国民一人ひとりの学問にしたいとのべています。それは、一人ひとりが世の移り変わりを自分で読み取る力をもつ人間になるようにという提案でした。賢いよい選挙民になるために、そして、よい世の中を作るために学問はあるのだというのです。そんな柳田を意識しつつ自分の身の丈をこえた試みとは思いながらも、個々の人間の生命の尊厳、ということを本書ではのべてみた次第です。

このような内容の本書ですが、それを一般の皆さま方に読んでいただくことができるのは、いつも深いご理解とお世話をいただいている吉川弘文館の皆さま方のおかげです。

本書の出版に際してお世話いただいた一寸木紀夫氏、そして構成をはじめ万端にわたって編集の労に当たっていただいた古川文夫氏には、ここに心より深甚の謝意を捧げます。

二〇〇八年一二月

新谷尚紀

著者略歴

一九四八年　広島県生まれ
一九七一年　早稲田大学第一文学部史学科卒業
一九七七年　同大学院文学研究科史学専攻博士後期課程単位取得
社会学博士（慶應義塾大学）
現在　国立歴史民俗博物館研究部教授、総合研究大学院大学文化科学研究科教授

〔主な著書〕
『生と死の民俗史』木耳社、『両墓制と他界観』吉川弘文館、『日本人の葬儀』紀伊國屋書店、『死と人生の民俗学』曜々社出版、『神々の原像—祭祀の小宇宙—』吉川弘文館、『柳田民俗学の継承と発展—その視点と方法—』吉川弘文館、『日本人の春夏秋冬—季節の行事と祝いごと』小学館

〔主な編著書〕
『日本民俗大辞典　上下』（共編著）吉川弘文館、『往生考—日本人の生・老・死—』小学館、『葬儀と墓の現在—民俗の変容—』吉川弘文館、『民俗小事典　死と葬送』（共編著）吉川弘文館

お葬式
死と慰霊の日本史

二〇〇九年（平成二十一）二月十日　第一刷発行

著　者　新《しん》谷《たに》尚《たか》紀《のり》
発行者　前田求恭
発行所　株式会社吉川弘文館
郵便番号一一三—〇〇三三
東京都文京区本郷七丁目二番八号
電話〇三—三八一三—九一五一〈代表〉
振替口座〇〇一〇〇—五—二四四番
http://www.yoshikawa-k.co.jp/
印刷＝藤原印刷株式会社
製本＝ナショナル製本協同組合

ISBN978-4-642-07999-0

新谷尚紀著

吉川弘文館

神々の原像

祭祀の小宇宙

（歴史文化ライブラリー）

日本における神とは何か。この難問に民俗学の立場から迫る。各地の神社や寺院の儀式と祭り、歴史と伝承などを通して、日本の神観念の淵源を探り、神がケガレの吸引浄化装置として生まれる仕組みを具体的に検証する。

四六判・二〇八頁／一七八五円

両墓制と他界観

（日本歴史民俗叢書）

民俗学では、一人の死者に対して墓が二つあることを両墓制と呼ぶ。民俗資料・文献史料・石造遺物など性格の異なる資料を豊富に活用し、その問題点を総合的に検討。日本人の深層に潜む霊魂観、他界観を探究した待望の書。

A５判・三二八頁／五九八五円

柳田民俗学の継承と発展

その視点と方法

民俗学はどこへ向かうのか。柳田國男の民俗学の再評価、民俗学の方法論、資料論、調査論など多様な視点から総括。また当屋制や両墓制の概念の再検証や、文献史料の民俗学的活用法を提示。民俗学の可能性を展望する。

A５判・五三八頁／一二六〇〇円

（価格は税込）